이태원으로
연결합니다

이태원 참사, 재난 시민들의 작은 일상에서 깊은 애도까지

이태원으로 연결합니다

용산FM

기획

김혜영, 노호태
신솔아, 신정임
심나연, 윤보영
이상민, 홍다예

글

플 레이아데스
Pleiades

이태원에서 살아가고
일해야 하는 사람들의 목소리

2022년 10월 29일 이태원역 1번 출구 해밀톤 호텔 골목에서 일어난 참사는 그 무엇으로도 이해하기 힘들었다. 도대체 무엇이 잘못된 것일까. 무엇 때문에 압사를 예고한 수많은 절규를 무시했으며, 159명의 안타까운 생명이 사라져야 했을까. 10년 전 바다 저 깊은 곳으로 침몰해 가는 세월호의 모습을 텔레비전으로 속수무책 지켜봐야 했던 그날이 떠올랐다.

책임을 추궁하는 시민들의 분노한 목소리에 정부는 신속하게 국가애도기간을 정해 영정 사진 없는 분향소를 운영하며 시민들의 추모하는 마음을 통제했고, 용산구청도 같은 해 12월 말까지 애도기간을 정해 관내 모든 행사와 활동을 취소하거나 위축되게 만들었다. 정부와 용산구청의 형식적인 애도는 '놀러 가서 죽은 사람들까지 국가가 책임져야 하나'라는 망언을 불러왔고, 신

자유연대는 녹사평역 분향소에 카메라를 들이대며 이태원 참사에 대한 혐오 발언으로 유가족의 아픔을 조롱했다.

> "제일 무서운 건 올해 핼러윈 축제 때 혐오 발언을 내뱉는 현수막이 다시 걸리는 일이에요. 분향소가 차려졌을 때, 극단적인 정치 성향의 사람들이 유튜브를 많이 찍기도 했죠. 피해자들은 놀다가 죽었는데 보상금이 말도 안 되게 많다는 비난도 있었고요. 그런 나쁜 말들이 반복되지 않기를 바라고 있어요."_클럽 DJ H

2012년부터 주민들과 마을방송국을 운영하고 있는 용산FM은 이태원 참사 이후 안타까움과 무력감에 시달렸다. 무엇 때문에 죽은 사람들에 대해 등급을 나누고 희생자의 명예를 훼손하며 순수한 피해자를 강요하는 것일까. 이태원에 대한 어떤 편견이 그렇게 만들었을까.

용산FM은 이태원이라는 특별한 지역의 이야기가 필요하다고 생각했다. 이태원 참사 이전과 이후에도 여전히 이태원에서 살아가야 하고 일해야 하는 사람들, 여전히 이태원에 애정을 쏟고 있는 사람들의 마음이 궁금했다. 특히 참사 이후 '자녀와 지인의 안부를 묻는 것조차 미안했다, 참담한 마음을 나눌 수 있는 공간이 부족했다'는 이야기를 들으며 이태원 참사에 대한 심정과 참사 트라우마를 어떻게 이겨 내고 있는지, 그들에게 이태원은 어떤 곳인지 묻고 싶었다.

"처음 기록단을 모집하는 포스터 문구를 보았을 때 정말 그랬으면 좋겠다는 생각이 들었어요. '다시 놀고 싶다, 이태원'이잖아요. 이태원을 정말 좋아하는 주민으로서 강력한 바람이에요. 정말 그러고 싶어요."_이태원 기록단 윤보영

이태원은 홍대 앞이나 강남과 다른 이유로 젊은이들이 즐겨 찾는다. 출신이나 배경을 묻지 않고 만남 그 자체를 즐기는 이태원. 오래전부터 용산 미군기지 옆 동네로 클럽과 펍 등 다양한 문화를 즐겨 온 이태원에서 해마다 핼러윈 축제가 열렸던 것은 어찌 보면 자연스러운 일이었다. 인종, 문화, 성소수자에 대한 편견 없이 다양함으로 포용하고 함께 어울리는 것이야말로 이태원이 품고 있는 매력이 아니었을까.

"제가 진짜 좋았던 건, '몇 살이세요?' '어떤 일 하세요?'같이 조사하듯 묻는 게 아니라 '오늘 어디 갔다 와서 뭐 마셨어요?' 이런 식으로 가볍게 질문한다는 점이었어요. 이 사람에게 나의 배경은 중요하지 않구나."_이태원 방문객 정승연

"핼러윈 축제에 가면 모든 사람들이 서로의 배경에 대해 아예 묻지 않아요. 그냥 '너 재밌다, 나랑 같이 놀자' 이런 말로 통해서 편견 없이 재밌게 놀 수 있었어요."_드랙 아티스트 선샤인

핼러윈을 즐기러 온 사람들에게는 잘못이 없다. 이태원이 상처 입은 채로 외면당하는 것이 아니라 참사의 아픔을 딛고 다시 매력을 되찾기를 바랐다. 편견 없는 이태원을 즐기면서 에너지를 받았던 사람들이 다시 찾는 이태원이 되어야 한다고 생각했다. 용산FM 이태원 기록단 활동 '다시 놀고 싶다, 이태원'은 사회복지공동모금회, 4·16재단의 지원을 밑거름 삼아 그렇게 시작했다.

이태원 참사 이후 미안해서, 안타까워서, 내가 희생될 수도 있었기에 잊지 않으려고 기록단에 참여한 사람들. 이태원 기록단은 주민이자 상인이며, 이태원에서

일하는 노동자이자 이태원을 즐겨 방문했던 이들의 이야기를 듣고 기록했다. 동네를 어슬렁거리다 만나는 이웃이자 매일 이태원으로 출근하는 사람들의 목소리를 담았다. 참사 이후 희생자나 유가족과 더불어 많은 이들이 참사의 트라우마에 힘겨워하고 있다는 것을 알기에 그들에게 묻고 듣고 이야기를 나누는 과정을 통해 우리는 서로 연결되어 있음을 확인했다.

2023년 4월, 첫 기획단 회의를 시작한 '다시 놀고 싶다, 이태원' 프로젝트는 7명의 기록단이 모여 9명의 인터뷰이 이야기를 담은 영상을 용산FM 유튜브 채널에 업로드했다. 그해 가을엔 주민 상영회를 열었고, 참사 1주기를 맞아 오마이뉴스에 연재 기사를 올렸다.

도서출판 플레이아데스의 출판 제안을 받아 오마이뉴스에 연재했던 기사를 다듬고 보완했으며 인터뷰이 사진을 새로 촬영했다. 이태원 참사 2주기를 맞아 '다시 놀고 싶다, 이태원'의 결과물을 한 권의 책으로 독자들과 만날 수 있도록 도움을 준 도서출판 플레이아데스에 깊은 감사를 드린다.

기획단으로 활동한 안정은님, 강희정님, 이한솔님, 송의현님, 김의영님 그리고 운영팀장 이상민님에게 감사드린다. 상민님이 없었다면 이 프로젝트는 성공하기 어려웠을 것이다.

무엇보다 이태원 참사에 대한 아픔을 기록하면서 기억하고자 애써 주신 이태원 기록단 김혜영님, 노호태님, 신솔아님, 신정임님, 심나연님, 윤보영님, 홍다예님 그리고 용산FM 인터뷰에 흔쾌히 응해 주신 이태원 토박이 김원기님과 임민희님 부부, 이태원 청년 윤보영님, 클럽 DJ H님과 SEESEA님, 드랙 아티스트 선샤인님, 힙합 라운지 바 운영자 곽범조님, 언제나 이태원을 응원하는 정승연님, 경리단길에 거주하는 이주민 모하메드 엘 타예브님 덕분이다.

기록단 활동가 호태님의 글을 빌려 전하고 싶은 이야기를 마무리한다.

"그러니까 2022년 10월 서울 이태원에서 일어난 일에 대한 기록은 과거의 기록이라고 할 수 없다. 지금 이 순간 우리 안에 존재하고 미래의 관계 안에서 변해 갈 이야기다. 참사 당시 현장에서 그 누구보다 신나게 축제를 즐기고 있었던 평범한 청춘으로서, 그리고 사건 이후 공동체와 더 강한 연대감과 동시에 삶의 유한함을 더 자명하게 깨달은 작은 존재로서 조명한 한 조각의 기록은 개인적으로 의미가 크다. 하지만, 개인적인 의미를 넘어 '다시 놀고 싶다, 이태원' 프로젝트의 정신을 통해 더 많은 이들이 공명하기를 바란다."_이태원 기록단 노호태

2024년 가을을 맞이하며
공동체미디어 용산FM 대표 황혜원

차례

✳ **2장** 조금 캐주얼하게, 평소처럼 재밌게 ──

너와 나, 우리들의 만남

*

제가 이태원을 계속 찾은 이유는
해방감을 느낄 수 있어서였어요.
저라는 존재가 잘 수용된다는 기분이
들었거든요. 저를 보는 시선도 그렇고,
워낙 다양성이 공존하는 동네잖아요?
제가 자연스럽게 포용되어서
자주 온 것 같아요.

*

이태원 주민 윤보영

"딱 잘라서 말할 수 없는데, 신비스럽달까?"

가족, 친구들과 공유한 추억이 많은 보영씨의 진심 어린 낭만

이태원이 고향은 아니에요. 미취학 아동 때부터 부모님을 따라서 자주 왔었어요. 일요일은 이태원 가는 날이라고 생각할 정도로요. 그때부터 접점이 생겼던 것 같아요. 고등학생 때까지는 어린 시절 좋은 기억 때문에 친구들을 많이 데려왔고, 그 이후에는 용산구에 있는 대학을 다녀서 자주 왔어요. 그러다 2017년 지구촌 축제 첫날 이태원으로 이사를 온 건데, 가족들이 공유한 추억이 많아서 그랬던 것 같아요. 부모님은 연애할 때부터 이태원에 자주 다녔대요. 그래서인지 두 분 다 다양한 문화를 수용하는 데 거리낌이 없으신 편이에요.

처음 기록단을 모집하는 포스터 문구를 보았을 때 정말 그랬으면 좋겠다는 생각이 들었어요. '다시 놀고 싶다, 이태원'이잖아요. 이태원을 정말 좋아하는 주민으로서 강력한 바람이에요. 정말 그러고 싶어요.

1장 너와 나, 우리들의 만남

"애증의 관계라고 생각해요"

사실 저와 이태원은 애증의 관계라고 생각해요. 제가 살고 있는 곳이 대로변이에요. 이태원역에서 한강진역으로 죽 가는 방향 중간이거든요? 집 바로 옆에 클럽과 술집이 있어요. 만약 이태원에 대한 애정이 없었다면 가끔은 '아, 이런 데서 살아야 하나' 싶었을 거예요. 코로나 전에는 월요일 아침마다 똥오줌이 너무 많은 거 있죠. 저는 길에서 똥을 그렇게 많이 싸는 줄 처음 알았어요. 담배꽁초는 당연하고, 깨진 술병이나 널브러진 사람들을 일상적으로 보아야 했고요. 집 앞 풍경이 그렇다는 게 부담스럽더라고요. 집에서 편하게 있고 싶어도 휴식 모드로 전환되기까지 더디게 느껴졌어요.

핼러윈 때는 항상 반차나 연차를 냈어요. 클럽 줄이 길어지면 집에 들어가기 어려워서요. 제가 그 앞에 서 있으면 가드분이 어디 가냐고 묻는데, 저는 그게 되게 귀찮고 기분 나쁘죠. "저 여기 삽니다" 하고 사람들 사이를 뚫고 지나갈 때마다 받는 눈초리도 감당하기 싫었고요.

참, 이태원에는 가까운 약국이나 병원이 은근히 없어요. 보광동 아니면 숙대입구역까지 나가야 해요. 그나마 코로나 시기를 지나면서 가게들이 폐업한 자리에

보영씨는 어린 시절 '일요일은 이태원 가는 날'로 여길 만큼 부모님과 함께 자주 이 지역을 찾아오면서 애정을 쌓아 왔다. 사진은 한적한 이태원 거리 풍경.

메디컬 빌딩이 생겼어요. 아, 공원이 없는 것도 큰 단점이네요. 그래서 불편하기도 하고 질리기도 하는데, 이태원을 사랑하니까 여기 남아 있는 거겠죠? 역시 애증의 관계예요.

한편 저에게 이태원은 숨통 트일 수 있는 공간인 것 같아요. 보통 이태원 하면 외국인이나 퀴어를 제일 많이 떠올리지 않을까 해요. 그다음에는 클럽이나 재밌는 가게, 볼거리 정도. 사람들의 그런 인식에 저도 동의해요. 그러나 제가 이태원을 계속 찾은 이유는 해방감을 느낄 수 있어서였어요. 저라는 존재가 잘 수용된다는 기분이 들었거든요. 저를 보는 시선도 그렇고, 워낙 다양성이 공존하는 동네잖아요? 제가 자연스럽게 포용되어서 자주 온 것 같아요.

"이태원에서만 느낄 수 있는 낭만이 있어요"

저는 심심한 걸 굉장히 못 견디는 타입이에요. 심심하면 곧잘 무기력해지는데 이태원에서는 심심할 틈이 없어요. 창밖으로만 보아도 되게 재미있거든요. 저 멀리 이슬람 사원이 보이고 '오늘은 이 거리에 사람이 많은데 저 골목에는 없네, 웬일이지?' 하면서요. 또 돌아다니기만 해도 좋아요. 주민 입장에서는 돈 없이도 즐길 수 있는 거죠. 이태원만의 묘한 분위기가 있어요. 딱 잘라서 말할 수 없는데, 신비스럽달까? 이태원에서만 느낄 수 있는 낭만이 있어요. 여기저기 걷다 보면, 현실을 벗어난 느낌이 들어요. 사람들이 왜 이태원에 가고 싶어 하는지 알 수 있었던 것 같아요.

아빠가 1965년생인데 옛날에는 외국인밖에 없었대요. 술집에 가면 외국인들이 주로 마시는 술을 팔고, 한국 기성복 사이즈보다 큰 옷을 맞춰 주는 가게가 많았다고 해요. 이렇게 외국인, 특히 미군이 와서 놀았던 게 이태원 문화를 형성하는 데 영향을 주었다고 생각해요. 그런데 지금은 엄청난 다문화예요. 거리에서 모든 인종을 다 볼 수 있는 것 같아요. 케밥집도 많고 할랄 음식점도 있고 아프리카 음식점, 모로코 음식점도 있다 보니 다양한 문화가 많이 섞이게 된 것 같아요.

"코로나 이후라 사람들이 더 많은가 보다"

2022년 핼러윈에는 친구랑 이태원이 아닌 다른 곳에 갔었어요. 밤에 친구가 집에 데려다준다고 해서 이태원으로 돌아왔는데 차가 너무 막히더라고요. 처음에는 코로나 이후라 사람들이 더 많은가 보다 했어요. 이태원역 3번 출구 조금 뒤에 멈춰 있었어요. 그러다 혹시 무슨 일이 있나 검색하려니까 인터넷이 잡히지 않는 거예요. 인파가 몰려서 핸드폰이 안 터지나 보다 했죠.

갑자기 구급차가 지나가서 친구가 놀랐어요. 저는 지금부터 몇 대 더 지나갈 거니까 신경 쓰지 말라고 했어요. 이태원에서는 '금토일'이면 항상 사이렌이 울리니까요. 평소처럼 누가 어디서 싸우나 보다, 쓰러졌나 보다 생각했죠. 심각성을 느낀 건 '서초' '도봉' '노원'이라고 쓰인 소방차를 봤을 때였어요. 관할 구역도 아닌데 왜 여기까지 왔을까 의아했는데 끝없이 줄을 지어서 오더라고요. 그때부터 무서웠어요. 핸드폰은 여전히 안 터졌고 다른 운전자들도 창문 열고 무슨 일인지 서로 물었어요.

그런데 응급 구조대원이 들것 같은 걸 메고 막 뛰는 거예요. 한 30분 지났을까요? 살아 있는 것 같지 않은 사람이 들것에 실려서 바로 옆으로 지나갔어요. 지금도 다 생각나요. 하늘색 치마 같은 걸 입으셨는데 또래거나 제 동생이랑 비슷한 나이처럼 보였어요. 차량 통제가 계속되어서 그렇게 2시간 정도 들것에 실려 가는 사람들을 강제로 보게 된 거예요. 나갈 수도 없고 차도 움직일 수가 없고 정말 힘들었어요.

대학원 전공이 미술치료인 보영씨는 차별과 혐오를 배제하고
해방감을 느낄 수 있는 이태원의 미래를 꿈꾸며 그림을 그린다.

"머리로는 생각했는데,
몸이 바로 집으로 가는 거예요"

나중에 친구들이 참사 관련 영상을 많이 보내서 그
런지 그게 알고리즘에 걸렸나 봐요. 다른 데 집중하려
고 유튜브에 접속했는데 현장 근처에서 사람들이 '섹스
온 더 비치' 노래에 맞춰 뛰는 영상이 나왔어요. 그런데
저도 그 시간에 비슷한 광경을 보았던 거죠. 왼쪽에서
는 사람들이 실려 가고 있는데 오른쪽에서는 춤을 추고
있었어요. 그 대비되는 상황이 너무 괴로웠어요. 경찰
한테 집이 바로 뒤니까 제발 가게 해 달라고 사정사정
해서 겨우 돌아갈 수 있었어요.

부상자들이 구급차로 옮겨지고 있었고, 도로에는
사람들이 널브러져 있었어요. 그때 어디선가 심폐소생
술 할 수 있는 사람이 있냐는 소리가 들려왔어요. 원래
성격이라면 못해도 갔을 거예요. "어떻게 하는지 알려
주세요. 그럼 제가 해 보겠습니다" 했을 거예요. 고등학
생 때 심폐소생술 대회를 나간 적도 있거든요. 그런데
'나 심폐소생술 흉내 낼 수 있는데'라고 머리로는 생각
했는데, 몸이 바로 집으로 가는 거예요. 제일 후회되는
기억이에요.

집에 도착해서는 잠을 잘 수가 없었어요. 꼬박 밤

을 새우고 있는데 새벽쯤에 밖에서 웃는 소리가 막 들리는 거예요. 지금 생각해 보면 몇 미터 차이로 현장 파악이 안 되는 상황이라 당연히 몰랐을 것 같아요. 그런데 그때는 그게 너무 화가 나서 양가감정에 휩싸인 거죠. 그리고 가슴이 꽉 막힐 만큼 놀랐지만, 그런 참사가 벌어졌다는 것 자체가 너무 충격적이니까 제 감정은 묻어 두고 '왜 이렇게 된 거지?' '이게 무슨 일이지?' 하는 생각에만 사로잡혔어요. 신체가 너무 굳으면 통증을 못 느끼잖아요. 그런 것처럼 마음도 충격으로 굳었나 봐요. 슬픈 건지도 모르겠고, 눈 감으면 그날 제 옆으로 지나가던 들것이 매일 보였어요. 잠을 자려고 하면 그 장면이 확 몰려와서 바로 깨고. 결국 2주 동안 맨날 밤을 샜어요.

"내 딸, 내 아들과 닮은
평범한 사람들이라는 걸 주민들은 알아요"

참사 직후에 그런 시선이 많았잖아요. "놀러 갔다 죽은 건데 왜 책임을 묻냐." 제 마음을 있는 그대로 표현하면, "자기 일 아니라고 막말하네?" 하며 욱하고 올라오지만 참아요. 그다음에 하고 싶은 말이 있다면 "놀게 좀 냅둬라." 이태원에서 지옥의 파티를 하는 것도 아니고, 핼러윈 가는 게 대단한 거 아니잖아요. 주민으로서 6년 동안 본 사람들은 사진 찍고 재밌게 즐기러 왔을 뿐인데 왜 이렇게 죄악시할까요? '왜 이렇게 노는 거를 못 견뎌 하지? 놀면 안 돼?' 이런 생각을 했어요.

다른 주민들도 비슷할 거예요. 오가며 핼러윈에 자연스럽게 스며드니까요. 특별한 사람들이 핼러윈에 참여하는 게 아니에요. 모두 내 친구나 내 딸, 내 아들과 닮은 평범한 사람들이라는 걸 주민들은 알아요. 저희 부모님만 해도 그렇거든요.

그리고 요즘에는 당근마켓 앱이 있잖아요. 동네 생활 카테고리에서 그런 글을 많이 봤어요. '나 슬프다' '미안하다' '왜 이렇게 된 거냐' '화난다' '너무 힘든데 어떻게 해야 할지 모르겠다' '막막하다.' 그래서 댓글에 "저는 상담받고 있는데 효과 좋아요" 이런 거 달았어요. 온라인 공간이지만 동네 주민이라 생각하면서 상호작용이 있지 않았나 해요. 그런데 다들 드러내고 말하기 힘들어하는 것 같아요. 참사 당시에는 너무너무 가슴 아픈 일이라서 그랬다면, 지금은 '오래 지난 일인데 왜 아직도 그러냐'라는 시선이 있어서요.

2주 가까이 집에서 안 나갔어요. 한두 번 밤에 가족들과 산책을 나간 적 있어요. 저는 그 골목을 마주하기

참사 뒤 임대 공간이 많아진 이태원이 안쓰러운 보영씨는 몇만 원이라도 보탬이 되고 싶은 마음으로 이곳에서 친구들과 약속을 많이 잡는다. 사진은 이태원역 근처 어느 상가의 모습.

싫었는데 어쩔 수 없이 그 옆을 지나야 했어요. 그때 곁눈질로 추모공간이 있는 걸 보았고, 집 밖으로 나온 뒤부터는 분향소에 거의 매일 갔어요. 너무 늦게 가서 미안했어요. 그다음에는 기회가 되어서 녹사평 분향소에서 지킴이 봉사도 하고 159배를 같이 하기도 했고요. 그날, 유가족분들과 얘기 많이 했어요. 특히 두 분이 자녀 이야기를 자세히 들려주셔서 마치 제 친구같이 느껴졌어요.

"스스로 덜어낼까 봐 두려워요"

전공이 미술치료라 심리 실습 수업에도 참여하는데요. 참사를 생각하거나 그 비슷한 말을 들으면 쿵! 하고 숨이 안 쉬어지더라고요. 그런데 그게 기분 나쁘진 않아요. 이상하게 들릴 수도 있는데 그런 신체 증상이 참사를 잊지 않게 하는 것 같아요. 저는 이 참사의 무게를 스스로 덜어낼까 봐 두려워요. 그때 왜 심폐소생술을 하러 안 갔는지 죄책감이 들고, 만약 차를 타지 않고 걸어갔다면 저도 위험했을 거라는 생각이 들어요. 다들 제 또래인데 미안해요. 저는 살아 있으니까요. 그래서 심장이 쿵! 할 때마다 정신을 차리게 되죠.

공론화되지 않는 게 가장 답답해요. 왜 이렇게 빨리

1장 너와 나, 우리들의 만남

잊힐까요? 얼마 안 됐잖아요. 다들 가슴에 담아 두고 사는 건지 아니면 잊고 싶은 건지 아니면 말할 필요가 없다고 여기는 건지. 물론 그 슬픔을 떠안고 일상을 살기란 어렵겠죠. 하지만 기억해야 된다고 생각해요. 이제 인터넷에서 굳이 찾지 않으면 소식을 잘 알 수 없어요. 너무 빨리 잊힌다는 게 답답하고 가슴이 미어져요.

　세월호도 그렇고 그동안 너무 많은 참사를 겪어 왔는데, 달라진 게 없다고 생각해요. 어이없고 황당해요. 어떻게 이렇게 똑같을까요? 가만히 있으면 안 된다는 것도, 잊지 말자는 것도, 기억해 달라는 것도 반복되는 것 같아요. 왜 피해자들이 '잊지 말아 주세요'라고 간절히 호소해야 하는지. 이태원 참사에서도 같은 문구가 쓰이는 것을 보고 2014년과 달라진 게 없다고 느꼈어요.

"슬픔이 지난 자리에

원래 갖고 있던 에너지가 채워졌으면"

　참사가 발생했던 그 골목이나 근처에 추모공간이 생겼으면 좋겠어요. 그리고 조형적인 요소가 들어가면 좋겠네요. 사회적 재난에 대한 기록과 교육도 같이 이루어져야 하고요.

　앞으로 핼러윈을 어떻게 보내야 할지 고민이 많아

Where you now stand, *October 29 Memorial
Alley* is not yet complete. Still, there remain
faces to be remembered and names not yet
spoken. Only once every name is acknowl-
edged, and all can tread this path safely and
with respect, will it truly be complete.

May we eternally carry the names
of all affected in our hearts.

참사 후 2주가 지나서야 집 밖으로 나설 수 있었던 보영씨는 거의 매일 분향소를
찾아 유가족분들 말을 경청하며 그 아픔에 공감했다. 사진은 참사 현장 골목에 마
련된 '10.29 기억과 안전의 길'의 밤 풍경.

요. 지난해 열린 추모제에는 가수 하림씨가 와서 노래를 불렀어요. 되게 좋더라고요. 저는 이태원의 문화, 그 지역이 가진 고유성을 추모제랑 연결하는 게 맞다고 생각해요. 꼭 슬프기만 할 필요는 없으니까요. 슬픔만으로 추모제를 이끌어 가면 동력이 너무 빨리 떨어지지 않을까요? 슬픔이 지난 자리에 원래 이태원이 갖고 있던 에너지가 채워졌으면, 애니메이션 〈코코〉에 나온 것처럼 추모제가 진행되었으면 좋겠어요.

올해 핼러윈 축제에 사람들이 많이 왔으면 좋겠어요. 저도 당연히 갈 거고요. 오기로라도 참사 현장 근처에 있을 것 같아요. 이태원이 힘을 받았으면 좋겠어요. 참사 이후 눈에 띄게 폐업이 늘고 임대 공간이 많아졌어요. 그렇게 한 국면을 맞았는데, 앞으로가 더 중요하겠죠. 이태원이 참사를 어떻게 안고 갈지 다들 고민하고 계실 거라고 생각해요. 최근에는 일부러 이태원에서 약속을 많이 잡고 있어요. 2만 원, 4만 원이라도 보탬이 되고 싶어서요.

행정 차원에서는 지역을 좀 더 알아봐 주길 바라요. 왜 아직도 모를까요? 이태원에서 어떻게 핼러윈이 시작됐는지, 청년들은 왜 굳이 이태원 핼러윈에 오는지, 그 골목에서 왜 참사가 일어날 수밖에 없었는지, 인근 가게들에 사람들이 많이 가는 이유는 무엇인지. 지역에 대해 제대로 알았으면 좋겠어요.

가장 단순한 바람으로는, 유가족분들의 말을 경청하고 공감해 줬으면 좋겠어요. 인간 대 인간으로서 다가가고, 인간성을 회복했으면 좋겠어요. 진심으로 바라보는 게 그렇게 어려운 일인가 싶어요. 마지막으로 이태원이 예전 같았으면 좋겠어요. 서로서로 수용하고 차별과 혐오를 배제하며 해방감을 느끼는 그런 이태원의 미래가 결국 우리가 바라는 다시 놀고 싶은 이태원이 아닐까 해요.

글. 김혜영

1장 너와 나, 우리들의 만남

인터뷰어 김혜영을 만나다

이태원 클럽이 어떻게 생겼는지도 몰라요.
네모나게 생겼을까, 세모나게 생겼을까.
기록단에서 이태원을 답사하는데
너무 가슴이 떨렸죠. 내가 여태까지
생각했던 것과 달라서 깜짝 놀랐어요.

"왜냐하면 내가 많이 변했거든요"

퇴직 교사 김혜영씨의 이태원 편견 해체 이야기

"안녕하세요. 한빛 엄마 김혜영입니다."✳

혜영씨의 소개는 한결같다. 몇 해 전 아들 한빛을 떠나보내야 했던 혜영씨에게 '기억'의 중요성은 남다르다. 난생처음 구술 기록에 도전한 까닭도 마찬가지다. 심지어 두 개의 기록단에 참여해 각각 지역 주민과 유가족의 이야기를 들었다. 바쁜 일정에 피로할 법도 한데, 혜영씨는 오히려 두 활동이 서로 힘을 주는 것 같다며 균형을 잡는 데 도움이 된다고 긍정했다. 인터뷰를 진행한 날에도 희생자 송영주씨의 언니 송지은씨를 만

✳ 2016년, 이한빛 PD는 열악한 방송 노동 환경을 알리며 스스로 세상을 떠났다.

1장 너와 나, 우리들의 만남

나고 오는 길이었다. 혜영씨가 쓴 글은 이후 '10.29 이태원 참사 작가기록단'이 낸 『우리 지금 이태원이야』에 수록되었다.

> "유가족이 유가족을 인터뷰해 보는 것도 의미가 있을 것 같았어요. 조금은 알고 싶었거든요. 유가족들이 어떤 생각을 하는지. 이 말이 우습긴 하지만, 선경험자로서 위로나 용기를 줄 수 있다면, 그 역할을 다하고 싶었죠. 동행하고 싶었던 게 아닐까 싶어요. 인터뷰를 두 번 해야 하는데 이제 다 했어요. 다음 주까지 녹취록 풀고 재구성해서 보내야 해요."

"아무나 들어갈 수 없는 곳인 줄 알았거든요"

'10·29 이태원 참사 작가기록단' 모집 공지를 보고, 혜영씨는 생각했다. 자신이 공감을 잘할 수 있지 않을까. 언젠가 혜영씨 곁에 서 주었던 사람들처럼 혜영씨 역시 유가족 곁에 서고자 했다. "죽을 때까지 그 은혜를 잊으면 안 되겠다." 매번 같은 다짐을 되새겼다. 사실 인터뷰어가 되는 게 자신은 없었지만 그럼에도 몹시 잘하고 싶었다. 이미 힘든 길을 걸어 봤기에 아무래도 유가족을 지켜보는 그 마음이 더욱 아플 수밖에 없었다.

"자식이 죽었어요. 그럼 왜 죽었는지 알아야겠죠. 진상을 정확히 안다는 건 그 죽음에 대한 명예회복이에요. 그냥 죽은 게 아니거든요. 그런데 지금 거의 안 되고 있잖아요. 또 하나는 흔히 말하는 애도의 과정이라는 게 있어요, 애도. 많이 슬퍼하고 많이 생각하면서 자식을 마음에서 잘 떠나보내야 하는데, 유가족분들은 진상규명을 하느라고 아예 생각도 못 하고 있을 거예요. 그게 얼마나 힘들겠어요. 가슴속에 돌덩이가 그대로 있을 거고."

혜영씨에게 또 하나 중요한 건 '마을'이다. 혜영씨는 이태원이 마을로서 그 가치를 잃지 않기를 바란다. 그런 의미에서 '다시 놀고 싶다, 이태원'의 슬로건이 무척 마음에 들었다. 다시 놀고 싶은 이태원을 만드는 데 고민을 보태고 싶었다. 다만, 혜영씨에게 이태원은 아주 낯선 공간이기도 했다. 때문에 혜영씨는 기록단 활동을 하면서 이태원에 대해 하나씩 알게 되었다. 그리고 그건 혜영씨가 오랫동안 갖고 있던 편견을 스스로 깨 나가는 과정이기도 했다.

"이태원 클럽이 어떻게 생겼는지도 몰라요. 네모나

1장 너와 나, 우리들의 만남

용산FM 방송실에서 혜영씨가 인터뷰를 준비하고 있다. 자신의 마을을 진실로 사랑하는 인터뷰이의 이야기를 혜영씨는 누구 한 사람에게라도 더 알려 주고 싶다.

게 생겼을까, 세모나게 생겼을까. 밥 먹으러 잠깐 한두 번 갔던 것 같아요. 기록단에서 이태원을 답사하는데 너무 가슴이 떨렸죠. 내가 여태까지 생각했던 것과 달라서 깜짝 놀랐어요. 난 이태원 하면 성소수자들만 오고, 클럽 문화만 발달되어 있고, 외국인들 자유롭게 입고 돌아다니고, 그러니까 아무나 들어갈 수 없는 곳인 줄 알았거든요. 이렇게 편견을 갖고 육십몇 살을 살았다는 건 문제 있는 거 아닌가? 다 편견이에요, 편견. 제가 알지도 못하면서 편견을 품고 있었어요."

그 편견은 왜 생겼을까. 혜영씨는 언론부터 떠올렸다. 언젠가 이태원 클럽가에서 코로나 확진자가 발생하자 선정적인 보도가 줄을 이었다. "그거 하나만 나오니까 나 같은 사람은 편협해지는 거예요." 그에 비해 혜영씨가 직접 만난 풍경은 훨씬 다채로웠다. 골목 사이 오밀조밀 자리한 가게부터 언덕 꼭대기 위치한 부군당역사공원까지. 이태원의 고유성과 역사성에 감동한 혜영씨는 지역 주민 보영씨와의 인터뷰를 통해 그 이해를 한층 높일 수 있었다.

"부러웠어요, 자신이 살고 있는 마을을 사랑한다는 게"

"윤보영 선생님이 기꺼이 응해 줘서 고마웠어요. 그렇지 않아도 이태원에 대한 편견이 깨졌는데, 막 월요일이면 똥오줌 많다는 얘기까지 나왔잖아요. 분명히 맞는 말이잖아요. 거짓말한 건 아니니까. 그래서 환상도 깨지면서 이태원도 그냥 사람 사는 곳이구나 싶었죠. 그리고 이태원을 되게 사랑하대요. 부러웠어요. 자신이 살고 있는 마을을 사랑한다는 게."

맨 처음, 혜영씨는 완성된 글을 유가족에게 전할 참이었다. 이태원에서 다시 놀고 싶다고 말할 때 그 안에는 애도하는 마음이 깃들어 있다고, 이렇게 안간힘을 쓰면서 당신들과 손잡고 있다고. 그런데 나중에는 이태원에 무지한 사람에게 또한 이 기록을 읽히고 싶어졌다. 첫 번째 독자로서 혜영씨 자신부터 변화를 겪었으므로. 어느새 혜영씨는 유가족뿐만 아니라 상인과 외국인, 중고등학생 등 다양한 사람들이 참사에 대해 실제로 어떻게 생각하는지 궁금해졌다.

"고정된 시각을 갖지 말아라, 편견을 버려라. 그렇

게 전하다 보면, 혐오도 없어질 것 같고… 왜냐하면 내가 많이 변했거든요. 그리고 사람들이 좀 더 많이 공감했으면 좋겠네요. 놀러 가서 죽은 게 아닌데. 이태원은 아무나 즐겁게 갈 수 있는 곳이고, 하루 즐겁게 놀고 다시 일상으로 돌아오는 그런 곳이라는 걸 가르쳐 주고 싶어요."

"내 문제다, 나의 일이다"

한편 혜영씨는 누군가의 비참한 소식을 접할 때마다 마음이 힘들어진다. 아들 한빛을 떠나보내고 나서 그 기억이 모든 문제에 자꾸 어른거리는 탓에 웬만하면 뉴스도 보지 않는다. 그런데 동시에 피해자가 무엇을 어떻게 느끼는지 우선 끌어내야 한다며, 두 개의 기록단에서 그 이야기를 소화했다. 과연 그토록 힘든 마음을 안고서 어떻게 이 참사를 직면할 수 있었을까. 혜영씨는 피해자 중심의 접근을 강조했다. 문제 해결의 열쇠를 쥔 사람들이 그렇게 하지 않는 것에 대해 답답함을 느꼈다.

"제가 이쪽에는 무슨 전투하듯이 다짐하고 들어가잖아요. 그런 것 같아요. 자세히 아는 게 두렵고 무서운데, 누구 한 사람에게라도 더 알려 줘야 한다. 내가 기록해야 하고 사람들에게 기억시켜야 한다. 그런 책임감이나 의무감 때문에 직면하게 되는 것 같아요. 참사 현장에도 일부러 가고 연대도 하고 그러는데 사실 속으로 조금 힘들어요. 힘들어서 어느 선까지 조절해야 하지 않을까 생각도 들어요. 그런데 또 안타까우면 가게 되니까….”

다가오는 핼러윈 계획을 묻자, 혜영씨는 유가족이 받을 상처를 걱정했다. 그런 뜻에서 추모의 성격이 어우러진 축제를 만들어야 한다고 조심스레 전했다. 그러면서도 덧붙이기를 “그런데 고민할 사람이 있겠죠. 이태원에서 핼러윈 축제를 즐기는 사람들이 그 정도 고민은 하고 올 것 같아요.” 이어서 인터뷰를 마치기 전에 혜영씨가 남긴 말은 명료했다.

“기억해 달라. 잊지 말아 달라. 기억해 주고, 잊지 말아 달라. 내 문제다, 나의 일이다. 아이, 끝났네.”

글. 이상민

용산은 한번 들어오면
잘 안 떠나는 동네예요.
용산에서 태어나 계속 여기서
살고 있는 친구들이 많아요.
살다 보면 용산의 매력에
빠질 수밖에 없거든요.

김원기

처음 보는 사람들이
서로 웃으면서 인사하고
사탕 나눠 주고 같이 사진을 찍어요.
너무 즐거운 거죠. 그래서 저희는
말 그대로 사람 구경만으로도
좋아서 해마다 갔어요.

임민희

*

용산 러버 김원기, 임민희 부부

자유롭고 설레는 분위기가 좋아서

김원기, 임민희 부부의 핼러윈 축제 나들이

용산에서 태어나고 자란 김원기씨에게 핼러윈은 크리스마스만큼이나 기다려지는, 이름만으로도 설레는 날이었다. 어릴 적 용산 미군기지에서 일하는 장교들의 숙소였던 외인아파트가 집 근처에 있어서 외국 문화를 자연스럽게 접했다. 핼러윈이 있는 10월만 되면 동네 곳곳에 알록달록 꾸민 호박들이 걸리고 해골, 유령 장식물들도 심심치 않게 봤다. 핼러윈만 되면 친구들과 사탕 바구니를 들고 외인아파트에 가서 초인종을 누르고 "기브 미 초콜릿"을 외쳐 바구니 가득 초콜릿과 사탕들을 받아 오곤 했다. 그때의 흥겨움이 좋아 커서도 이태원 지역에서 열리는 핼러윈 축제에 꼭 참여했다. 클럽에서 열리는 핼러윈 파티에도 많이 갔다.

"다른 곳에서는 느낄 수 없는, 이태원에서만 누리는

1장 너와 나, 우리들의 만남

특별한 분위기가 있어요. 자유롭고 설레는 분위기가 좋아서 매년 핼러윈 축제에 참여했지요."

원기씨의 아내, 임민희씨도 결혼 전 연애 시절부터 이태원 핼러윈 축제에 갔다. 원기씨가 "이건 봐야 한다"고 자랑하며 데리고 갔기 때문이다. 첫 번째 핼러윈 축제를 지금도 기억한다. 엄청난 인파에도 놀랐지만 각양각색의 코스프레에 입이 벌어졌다. "앞에 우주인이 걸어가고 있더라고요." 그때 본 우주인 복장은 놀랄 일도 아니었다. 이후 마블 영화에서 본 각종 슈퍼히어로 캐릭터들을 다 만났다. 문화 충격이었다. 결코 싫지 않은, 다른 세계였다.

"너무 재밌었어요. 사실 거리에서 모르는 사람하고 눈 마주치면 누가 웃나요? 그냥 지나가잖아요. 근데 이태원 축제 때는 처음 보는 사람들이 서로 웃으면서 인사하고 사탕 나눠 주고 같이 사진을 찍어요. 마치 2002년 월드컵 때처럼요. 너무 즐거운 거죠. 그래서 저희는 말 그대로 사람 구경만으로도 좋아서 해마다 갔어요."

이제 일곱 살, 여섯 살인 두 아들이 더 어렸을 때는 아기띠를 하고 다녀올 정도로 원기, 민희씨 부부에게 핼러윈 축제는 빠지지 않는 연례행사였다.

외국인을 인정하고 있는 그대로 받아들이는 지역

이태원은 원기씨의 할머니가 터를 잡은 곳이었다. 용산에는 '해방촌'이라는 동네가 있을 정도로 한국전쟁 때 이북에서 내려온 이들이 많다. 원기씨의 할머니도 그중 한 사람이었다. 할아버지는 일제 때 징용을 간 뒤 집으로 돌아오지 못했다. 원기씨 할머니는 용산을 '제2의 고향'으로 여기며 살아왔다.

"용산은 한번 들어오면 잘 안 떠나는 동네예요. 친구 중에도 용산에서 태어나 계속 여기서 살고 있는 친구들이 많아요. 살다 보면 용산의 매력에 빠질 수밖에 없거든요."

결혼 뒤 남편과 함께 경리단길 근처 이태원동에 정착한 민희씨도 용산의 매력에 푹 빠진 일인이다.

"용산은 삭막하지 않아요. 지인들에게 우스갯소리

1장 너와 나, 우리들의 만남

원기, 민희씨 부부에게 핼러윈 축제는 두 아들을 아기띠로 업고 찾아갈 만큼 손꼽아 기다리던 연례행사였다. 사진은 이태원 길목에 자리한 코스프레 용품 가게.

로 '여긴 서울이 아니다. 시골 같다'라고 해요. 옥상마다 고추 심고 파 심고 꽃 화분도 놓은 주택이 많아요. 참 한갓지다고 할까? 여유로운 동네죠. 돈이 많아서가 아니라 분위기 자체가 그냥 여유로워요."

용산은 대한민국의 수도인 서울에서도 중앙에 위치해 강남과 강북 어디든 가기가 편하다. 게다가 거주 지역은 고도제한 '덕분에' 빌딩과 아파트 숲에 가로막히지 않는다. 단독주택들이 많다. 대문 밖에 나서면 서로 인사를 나누는 골목 문화가 살아 있는 곳이다. 원기씨가 "대한민국 최고의 산"이라고 칭하는 남산이 맑은 공기와 푸르름도 선사한다. 옛 정취를 느낄 수 있는가 하면 가장 젊은 문화를 가장 빠르게 만날 수 있기도 하다.

원기, 민희씨 부부가 '애정하는' 용산에는 이처럼 많은 것들이 공존하고 있다. 이러하기에 다문화가 전혀 낯설지 않고, 일상에 자연스럽게 스며들 수밖에. 외국인을 인정하고, 있는 그대로 받아들이는 지역이 바로 용산이다.

"아이들이 다니는 어린이집에서 원생들 절반은 피부색이 달라요. 흑인도 있고 백인도 있고, 국적도 정말 다양하죠. 이렇게 외국인과 함께 어울려 살면서 외국인에 대한 선입견도 없어지고, 여러 문화에서 배우는 것들도 많지요."

가정의 달을 맞아 어린이집에서 부부의날에 모의 결혼식을 했다. 행사가 끝나고 미국인 친구 아빠가 "너무 이해가 안 간다"면서 "왜 무조건 남자는 아빠고, 여자는 엄마입니까?"라고 불만을 표했다. 우리는 너무도 당연하게 받아들이는 부분이 다른 시각에선 전혀 당연하지 않을 수 있음을 다른 문화권 주민들과 교류하며 깨우친다. 민희씨는 "평범한 대한민국 사람들은 접하기 힘든 문화가 이태원에 있다"고 전했다.

이태원 문화가 응축된 핼러윈 손꼽아 기다려

물론 이태원에 사는 게 늘 좋지만은 않다. 개발이 안 돼서 좋기도 하지만 한편으론 개발이 안 돼 불편한 점도 많다. 도로가 좁고 편의 시설도 많이 없다. 출퇴근 시간대엔 늘 길이 막히고, 쇼핑을 하려고 해도 용산역까지 나가야 한다. 또한 이태원이 클럽과 외국 문화의 집결지가 되면서 겪는 괴로움도 많다. 방송 촬영이 잦고 주말에는 사람이 몰려 소음이 심하다. 아이들을 키우는 처지에선 민망할 때도 있다.

"너무 자유롭다 보니까 선정적인 옷차림으로 다니는 사람도 많지요."

민희씨가 아쉬운 점을 떠올리다가도 "그런 점보다는 재미있는 부분이 더 많다"로 결론을 내린다. 나이를 먹어 가면서 접하기 힘든 젊은이들의 문화를 누리는 기쁨이 있기 때문이다. 골목골목 조그마한 가게에서 젊은 작가들이 하는 전시도 보고, 새로 유행하는 아이템도 어느 지역보다 빠르게 접할 수 있다.

이런 이태원 문화를 응축해 놓은 행사가 바로 핼러윈 축제이다. 원기, 민희씨 부부를 비롯해 이태원 지역의 주민, 젊은이들이 매년 손꼽아 기다리는 행사였다. 특히 2022년 핼러윈은 더 많이 기다렸다. 코로나19로 3년 동안 못 하다가 열리는, 마스크를 벗어 버린 첫 번째 축제였기 때문이다. 방역 지침을 따르며 적자를 감내해 온 상인들에게는 다시 찾아온 해 뜰 날이었다. 이태원 전역이 들썩였다. 원기, 민희씨 부부도 두 아이의 손을 잡고 거리를 활보할 생각에 마냥 들떴다. 몇 주 전부터 아이들에게 입힐 스파이더맨 옷을 주문해 놓고 이날을 맞이했다.

1장 너와 나, 우리들의 만남

3년 만에 열린 축제, 너무도 흥겨웠는데…

2022년 10월 29일 오후 6시쯤, 민희씨 가족은 언니 가족과 함께 10분 거리에 있는 헬러윈 축제 장소로 걸어갔다. 해밀톤 호텔 주변에 도착해 코스프레한 사람들을 구경하며 한강진역까지 갔다. 민희씨가 "그때 생각을 하면 막 심장이 떨려서"라며 잠시 말을 멈추더니 손을 덜덜 떨면서 조심스럽게 그날을 회상했다.

"정~말 사람들이 많았어요. 사람 수는 코로나 전과 비슷했는데 몇 년 만에 많은 군중을 보니까 더 많게 느꼈던 것 같아요. 솔직히 사람이 많아서 더 신이 났어요."

군중을 헤치고 천천히 앞으로 나아가면서 엄청난 코스프레의 물결과 마주쳤다.

"아이언맨을 봤어요. 우리 아이는 진짜인 줄 알고 정말 신나했지요."

어린 두 아이가 스파이더맨 복장을 하고 있으니 인파 속에서도 눈에 띄었다. 같이 사진을 찍자는 사람들

2002년 월드컵 때 광화문에서 티를 팔았던 원기씨는 수백만이 모인 당시에 다친 사람이 없던 걸 상기하며 이태원 참사를 두고 내내 안타까움을 토로했다. 사진은 이태원역 근처 노점상 풍경.

이 많았다. 아이들은 다른 마블의 등장인물들을 비롯해 코스프레한 많은 형, 누나들과 사진을 찍었다. 즐거움을 공유하기 위해 바로바로 SNS에도 올렸다. 이 흥겨움에서 벌써 벗어나고 싶지 않았다. "아, 아쉽다. 우리 한 바퀴 더 돌고 가자"고 마음을 모아 다시 해밀톤 호텔 쪽으로 발길을 돌렸다.

"이태원역 근처에 사람들이 너무너무 많았어요. 저희는 아이가 있으니까 좀 감당이 안 되더라고요. 아이들을 보호하면서 가는데 앞에서 밀고 뒤에서 밀고…. 그래도 사람들이 아이가 있으니 조심하자고 많이 얘기했어요. 그렇게 인도를 걷는데 (눈물을 보이며) 사람이 진짜 너무 많아서 꼼짝을 못 하겠는 거예요."

그때 원기씨가 말했단다. "안 되겠다. 우리 도로로 나가자." '왜 나는 차도로 갈 생각을 못 했을까?' 스스로를 책망하며 겨우 차도로 빠져나왔다. 다시 천천히 걸으며 용산구청 앞까지 왔다. 그렇게 이태원역에서 한강진역까지, 다시 한강진역에서 이태원역을 지나 용산구청까지 오는 동안 경찰은 보이지 않았다. 한두 명 봤을

1장 너와 나, 우리들의 만남

까? 교통정리도 새마을부녀회에서 나온 분들이 하고 있었다. 더 이상 있기는 힘들어서 집으로 가자고 했다. 돌아서기 직전, 축제를 취재 온 방송사가 요청해 인터뷰도 했다.

"사람들에 치여서 들고 있던 사탕을 떨어뜨려 큰아이가 기분이 많이 안 좋았어요. 그래서 인터뷰할 때아이가 시무룩하게 있었죠. 우리 아이가 텔레비전에나올 수도 있는데 제대로 못 한 것 같아 너무 속이상하더라고요."

아쉬웠던 인터뷰만 생각하며 집으로 돌아왔다. 시계는 벌써 밤 10시 근처를 가리키고 있었다. 일찍 온 게아쉬워 라이브 방송을 하고 있는 유튜브를 틀었다. 잠시 후 핸드폰을 보던 민희씨 언니가 "압사 사고가 났나봐"라고 소식을 전했다. 엄청났던 인파를 생각하니 "사고 날 만하지"라고 응수했다. 그때만 해도 두세 명이 넘어져 다친 줄 알았다. 다시 언니가 "아닌 것 같아. 진짜사고인가 봐"라고 해 심각성이 느껴졌다. 그때부터 속보가 뜨기 시작했다. 사상자가 한두 명이 아닌 것 같았다. 민희씨 가족을 인터뷰했던 기자가 사고 현장에서 소식을 전하고 있었다. 민희씨 가족이 현장을 떠나고 얼마 뒤부터 참사가 벌어진 것 같았다.

'아차 했으면, 우리도 저기서 사고가 났을 수도 있었겠구나.'

두려움이 엄습했다. 혹시 우리 아이들과 사진 찍은 젊은이들이 참사를 당했을 수도 있었다. 신나서 올렸던 SNS를 바로 다 삭제했다. 밤새 뉴스를 지켜보며 부부는 말이 없었다. 아니, 말을 잃었다.

함께 슬퍼하는 것으로 서로를 위로해 온 시간

"제가 해밀톤 호텔 골목을 정말 많이 다녔거든요. 다닌 지 20년은 됐을 거예요. 그렇게 많이 다녔던 골목에서 그런 참사가 일어날 줄은 상상도 못 했죠."

원기씨 말처럼 상상도 못 한 일이 벌어졌다. 민희씨도 믿기지 않았다. 밤을 꼬박 새우고 다음 날 집 밖에 나갔다. 핼러윈을 맞아 동네 집집마다 걸려 있던 사탕 바구니와 호박 모형들이 다 사라지고 없었다. 그제야 실

1장 너와 나, 우리들의 만남

OCTOBER 29 MEMORIAL ALLEY

20년 넘게 오가던 길,
참사 뒤로 한참을 다가서지 못한 그 골목.
원기씨는 희생자들의 49재 날
함께하는 사람들과 두 아들 손을 잡고
묵묵히 걸을 수 있었다.

감했다. '아, 사고가 진짜였구나.' 그와 함께 죄책감이
밀려왔다.

"그렇게 사람들이 죽어 가는데 (울먹이며) 우리는 즐
거워하고 있었다는 거잖아요."

자세한 사건 보도를 접하고서는 '그때 빠져나오지
못했다면 우리가 아이를 잃을 수도 있었겠구나'란 생각
에 사로잡혀 무섭고 힘들었다. 한동안 원기씨는 참사
당일의 꿈을 꾸다가 잠에서 벌떡 깨는 날을 반복했다.
'만약 우리 아이들이 그랬다면… 아내가 저쪽으로 밀려
가 나와 떨어졌다면….' 자신이 데리고 간 축제에서 가
족이 잘못됐을 경우를 가정할 때마다 심장이 쪼그라드
는 느낌이었다. 뻔질나게 드나들던 해밀톤 호텔 옆 골
목도 참사 후 오르지 못했다.

"솔직히 한 달 넘게 너무 힘들었어요. 힘들면 아내
랑 추모하는 곳에 가서 한참 울고 그랬어요. 그러면
서 조금 좋아졌던 것 같아요."

의류 도매업을 하는 부부는 새벽에 집으로 돌아오

1장 너와 나, 우리들의 만남

는 길에 일부러 해밀톤 호텔 앞 추모공간에 들르곤 했다. 원기씨가 한 사람을 떠올렸다.

"갈 때마다 한 젊은 친구가 소리치며 울고 있더라고요. 다섯 번은 연속으로 봤을 텐데 친구를 잃은 것 같더라고요."

함께 슬퍼하는 것으로 서로를 위로해 온 시간이었다. 원기씨가 해밀톤 호텔 옆 골목을 다시 오르게 된 것도 함께하는 사람들 덕분이었다. 희생자들의 49재 행사가 그곳에서 있었다. 반찬 봉사를 하며 알게 된 용산시민연대 회원들과 함께 갔다. 해밀톤 호텔 옆 비탈길을 오르는 참가자들 옆에 원기씨도 두 아이의 손을 잡고 있었다.

"가기 전엔 조금 무섭기도 했었거든요. 그랬는데 잘 올라왔다 싶더라고요. 왜냐하면 같은 당사자거든요. 같이 있었던 우리도 어떻게 보면 희생될 수 있었던 부분이니까요. 당사자로서 잘 왔다는 생각이 들면서 애들한테 보여 주고 싶기도 했어요."

원기씨는 시간을 내어 합동 분향소 지킴이 활동도 했다. 떠나보낸 자식들이 더 힘들어할까 봐 영정 사진 앞에서 눈물을 보이지 않는 유가족들을 보면서 함께 아파했다. 유가족들의 슬픔이 전해져 마음이 울컥할 때면 멀리 도망가 눈물을 훔치기도 했다.

"유가족들이 아들, 딸이 좋아하던 파워에이드, 빵 같은 걸 항상 갖고 오시더라고요. 아이들이 먹는다고 생각하겠죠. 같은 부모로서 그 마음이 이해되더라고요. 물론 아픔은 짐작도 못 하지만요."

지킴이 활동을 할 때면 영정 사진들을 유심히 보려고 애썼다. 개인으로서 할 일은 "이 친구들을 기억해 주는 것"밖에 없는 것 같아서다. 만났던 유가족의 말도 잊지 않으려고 애썼다.

"이태원 참사를 주변에 더 많이 알려 주세요. 아이들이 잊히지 않도록⋯."

"장사하는 분들도 많이 힘들었겠죠"

참사로 이태원의 분위기가 완전히 달라졌다. 젊음

1장 너와 나, 우리들의 만남

의 열기로 가득 찼던 이태원이 적막하고 을씨년스러운 곳으로 바뀌었다. 그해 겨울에는 두세 달 동안 아예 문을 닫은 가게들도 많았다. 민희씨가 그때의 풍경을 들려줬다.

"참사가 나고 한 달쯤 됐을 때 밤에 경리단길에서 이태원역까지 갔는데 시골에 온 것 같더라고요. 지나다니는 사람도 없고 너무 적막이 흘러서요. 보통 때는 밤거리가 시끌시끌하고 사람들도 엄청 많거든요. 이런 적이 처음이어서 깜짝 놀랐어요. 장사하는 분들도 많이 힘들었겠죠."

159명이란 꽃 같은 생명이 한순간에 쓰러지고, 지역은 초토화됐는데 책임지는 이가 없다. 참사 후 일관되게 정부는 책임을 회피한다. 하지만 원기씨는 이태원 참사의 본질은 "질서를 잡지 못한 정부의 잘못"이라고 생각한다.

"2002년 월드컵 때 제가 광화문에서 빨간 티를 팔았어요. 그때 모인 사람이 200만 명인가 그랬는데 다친 사람이 없었어요. 경찰들이 요소마다 있더라고요. 그땐 질서가 잘 잡혔다고 느꼈어요. 이태원도 경찰이 열 명, 아니 다섯 명만 있었어도 그런 사고가 안 일어났을 거예요."

코로나 전에 열린 핼러윈 축제 때는 있었던 경찰을 2022년에는 찾아볼 수가 없었다.

"국민이 세금을 내면 정부가 그만큼은 해 줘야 하잖아요. 그런데 그날 정부는 이 친구들이 세금 내는 만큼도 안 해 줬어요. 2022년 10월 29일 이태원에선 정부가 의미가 없었던 거죠."

여전히 이 문제가 해결되지 못하는 이유도 정부의 태도 때문이라고 생각한다. "정부가 유가족들과 대화도 하지 않고 단절하는 건 책임지기 싫다는 표시"로 볼 수밖에 없다.

민희씨도 정부가 이 문제를 정략적으로 바라보는 것이 안타깝다.

"49재 행사 때 희생자들 한 명 한 명을 호명하면서 사진이 나왔는데 다들 너무 예쁘고 어린 거예요. 길

가다가 바로 어제도 봤을 것 같은 아이들을 보면서 그날 너무 가슴이 아팠어요. 또 유가족과 간담회를 한 적이 있는데 사람 같지 않고 (울컥하며) 하얀 나무 토막이 이야기하는 것 같은 거예요. 저분들께 힘을 줘야겠다고 생각했어요. 정부가 시시비비 따지지 말고 이런 유가족과 희생자들의 마음을 조금만 헤아려 주면 좋겠어요."

함께 사는 공동체를 위해 힘 보태고 싶어

무엇도 해결된 것도 없이 10월이 다가오고 있다. 올해도 핼러윈 축제가 열릴까? 원기씨는 열려야 한다고 답했다.

"문화를 즐기러 왔다가 보호해 주지 않은 정부로 인해 희생된 거잖아요. 그런데 그 문화가 끊기면 희생된 친구들이 속상할 것 같아요. 그 친구들을 위해서라도 열려야 된다고 생각해요. 저는 아이들과 함께 무조건 갈 겁니다."

그러면서 "정부가 오버만 안 했으면 좋겠다"는 바람을 덧붙였다. 안전을 빌미로 경찰들을 수백 명 동원해서 줄 세우면 축제가 축제 같지 않을 것이라는 우려다. 민희씨는 이태원에 대한 선입견부터 사라지길 희망했다.

"이태원 참사는 핼러윈을 즐겼던 사람들한테는 소소한 즐거움을 빼앗아 간 사건이에요. 다시 놀고 싶은 이태원을 만들려면 사람들에게서 이태원에 대한 안 좋은 색안경을 벗기는 게 필요할 것 같아요. 피해자들이 피해자임에도 색안경 때문에 그 사실 자체를 숨기고 있잖아요. 그 자리에 있었던 게 부끄럽지 않은 일이 돼야죠. 정부가 하지 않는다면 우리가 진상을 힘써서 밝혀야 되겠죠."

앞으로 추모공간이 만들어진다면 어떤 공간이면 좋을까? 원기씨가 소박하면서도 큰 바람을 말했다.

"화려하지 않더라도 모두 하나가 되어 추모하는 공간이 되면 좋겠어요. 참사를 안타까워하는 사람들뿐 아니라 정부 관료들, 놀러 가서 죽은 거 아니냐고 했던 사람들까지 모여서 같이 추모하면 희생된 친구들이나 남아 있는 가족들도 조금은 위로가 될 것 같아요."

1장 너와 나, 우리들의 만남

"이태원 참사를 주변에 더 많이 알려 주세요. 아이들이 잊히지 않도록….” 원기씨는 합동 분향소에서 만난 유가족의 말을 다른 사람들에게도 꼭 전하고만 싶다.

원기, 민희씨 부부는 이태원 참사 이후 좀 더 공동체를 생각하게 됐다. 아이들과 나눔 활동을 하고 싶어서 참사 몇 달 전부터 시작한 홀몸 어르신 반찬 봉사를 계속하고 있다. 우선 2개월만 해 보자고 시작했는데 벌써 1년을 넘어섰다. 또, 집회 같은 것도 남의 일이라고 생각했는데 이제는 웬만하면 시간을 내 이태원 참사 추모제, 관련 집회들에도 간다.

"참사 이후 저희가 많이 변했어요. 대외 활동을 많이 하게 됐지요. 어찌 됐든 용산에 계속 살 테니 용산을 더 좋게 만드는 데 힘을 보태고 싶어요."

함께 사는 공동체를 만드는 데 함께하면서 참사 후 일상 회복으로 나아가고 있는 원기씨가 이 글을 읽을 독자들에게 하고 싶은 말을 전했다.

"이태원 참사 희생자들의 얼굴을 꼭 기억해 주시면 좋겠습니다. 159명을 다 기억 못 해도 그중 한 명이라도요."

글. 신정임

인터뷰어 신정임을 만나다

이 지역을 이리도 사랑하는
사람이 있고 이렇게 소중한 공간이
훼손됐구나를 깨달았어요.
이 공간이 다시 보여요.
그냥 사람이 살고 있는 곳
누군가 추억으로 삼고
애정을 품는 곳이구나.

우리는 당사자를 좁게 생각하고 있다
노동 전문 기록 활동가 정임씨의 직감과 실감

정임씨는 기록 활동가다. 오랜 시간 노동 전문 잡지에서 일하며 주로 노동자의 이야기를 들어 왔다. 기록단에 참여하는 동안에도 상담 노동자와 건설 노동자 등을 찾아다니느라 분주했다. 그 과정을 통해 정임씨가 깨달은 게 있다면 바로 '일상의 소중함'이다. 날마다 반복되는 생활 뒤에는 언제나 보이지 않는 노동이 존재한다는 것. 그러니까 땀과 눈물로 서로를 떠받치는 게 우리 일상인데, 참사는 그 누군가의 일상을 한순간에 앗아 가 버렸다. 더군다나 충분히 구할 수 있었다는 점에서, 정임씨는 그날을 더욱 죄스럽게 기억한다.

"세월호 참사 당시에는 제가 둘째를 임신하고 있었거든요. 그래서 배가 부른 상태로 안산에 가서 추모 정도만 했어요. 그런데 지금은 아이들이 많이 컸음

　　　　　　　　1장 너와 나, 우리들의 만남

에도 이 참사를 해결하는 데 어떤 역할도 하지 못했더라고요. 녹사평역 쪽 분향소에 가서 슬퍼하고 그랬는데, 그냥 그때 힘들고 괴로워하는 마음만 잠깐 가졌을 뿐이라는 데 미안함이 있어요. 그리고 저뿐만 아니라 많은 기성세대가 비슷한 무력감을 가질 거예요. 기록으로나마 보탬이 될 수 있지 않을까 생각했습니다."

수년간 집회 현장을 다닌 정임씨는 직감했다. 이태원 참사는 개인의 문제가 아니라고. 아무리 많은 인파가 모이더라도 그만한 위험을 경험한 적이 없었기 때문이다. 그렇다면 그날의 슬픔을 어찌해야 할까. 압사가 발생했던 골목 주변에는 추모객들이 두고 간 샴페인과 와인이 가득했다. 그리고 그 옆에서 앞치마를 두른 채 담배를 태우던 한 상인의 모습이 정임씨 눈에 밟혀 마음에 남았다. 그런가 하면 본격적으로 인터뷰를 준비하면서 정임씨는 생면부지인 사람들이 만난 기록단에 저절로 애정이 갔다. 대부분 버스 정류장에 붙은 포스터를 보고 신청했다는 게 신기하기도 했다.

"SNS에서 기록단 모집 공지를 봤을 때, 사실 저처

럼 기록 활동을 하는 사람들이 많이 모일 줄 알았거
든요. 그런데 그게 아니라 그 지역에 살면서 참사를
겪고 느낀 답답함, 트라우마, 괴로움을 공유할 사람
들이 모인 거잖아요. 다들 이런 계기를 원했던 거겠
죠. 어쩌면 하나의 단초가 될 수 있지 않을까요? 사
람들이 자기 마음을 드러내고 풀어낼⋯."

트라우마, 죄책감, 미안함으로 연결된 사람들

처음에는 유가족을 인터뷰하게 될 줄 알았다. 때문
에 주민을 중심으로 하는 기획 방향이 조금 낯설고 의
아하기도 했다. 하지만 지역 시민단체에서 활동하는 친
구를 통해 민희씨와 원기씨를 소개받으면서 생각이 점
점 달라졌다. 또한 다른 인터뷰이들의 이야기도 접하고
나니 정임씨는 모두가 각자 다른 방식으로 참사와 연결
되어 있음을 비로소 실감했다. 참사 현장에 없었거나
이태원 부근에 살지 않더라도, 누구든 비슷한 상황에
처할 수 있었던 것이다. 언제 닥칠지 모르는 그 위험으
로부터 국가의 보호를 기대할 수 없게 된 것이다.

"우리는 당사자를 너무 좁게 생각하고 있다는 생각
을 했어요. 유가족뿐만 아니라 사고가 난 줄도 모르

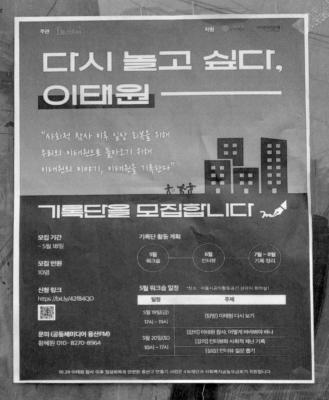

다시 놀고 싶다, 이태원

"사회적 참사 이후 일상 회복을 위해
우리의 이태원으로 돌아오기 위해
이태원의 이야기, 이태원을 기록한다"

기록단을 모집합니다

모집 기간
~5월 18일

모집 인원
10명

신청 링크
https://bit.ly/42f84QO

문의 (공동체미디어 용산FM)
황혜원 010- 8270-8964

기록단 활동 계획

5월 워크숍 → 6월 인터뷰 → 7월~8월 기록 정리

5월 워크숍 일정 *장소 : 서울시공익활동공간 삼각지 회의실1

일정	주제
5월 19일(금) 17시 ~ 19시	[담방] 이태원 다시 보기
5월 20일(토) 10시 ~ 17시	[강의] 이태원 참사, 어떻게 바라봐야 하나
	[강의] 인터뷰와 사회적 재난 기록
	[실습] 인터뷰 질문 뽑기

10.29 이태원 참사 이후 일상회복과 안전한 용산구 만들기 사업은 416재단과 사회복지공동모금회가 지원합니다.

대부분 버스 정류장에 붙은 포스터를 보고 신청했던 이태원 기록단. 정임씨는 답답함, 트라우마, 괴로움을 공유할 수 있는 생면부지의 기록단 동료들에게 저절로 애정이 갔다.

고 근처에서 춤추고 있던 사람들도 트라우마를 겪을 거 아니에요. 내가 그렇게 멋모르고 즐기고 있었다는 데 죄책감도 느낄 거고요. 그리고 멀리서 접한 사람들 역시 잠자고 있었거나 시월의 마지막 밤을 기다리며 일상을 보냈을 텐데, 그 미안함이 서로 연결되어 있으니까 우리도 당사자다. 때문에 유가족의 문제를 해결하는 것, 당사자의 문제를 해결하는 것이 우리 사회의 문제를 해결하는 것과 연결되어 있다. 그런 생각을 합니다."

그래서일까. 이미 수많은 인터뷰를 경험한 정임씨에게도 당황스러운 순간이 있었다. 인터뷰 도중 민희씨의 손이 벌벌 떨리자 정임씨는 생각했다. '아, 조금 더 긴장하고 왔어야 했구나.' 어쩌면 참사는 현장에서 다치거나 소중한 누군가를 떠나보낸 사람들만의 문제가 아니었다. 또한 아직 끝나지 않은 채 계속 이어지고 있는 문제이기도 했다.

"인터뷰이분들이 다 너무 빨리 잊히는 것 같아서 안타깝다고 말씀하셨잖아요. 그렇다면, 누군가의 기억에 이 참사가 계속 남아 있다는 것, 아직 고통받

정임씨는 트라우마, 죄책감, 미안함으로 연결된 우리 모두를 이태원 참사의 당사자라고 생각한다. 사진은 참사 직후 이태원역을 에워쌌던 추모 꽃다발 모습.

는 사람들이 있다는 것, 이 문제의 해결을 바라는 사람들이 있다는 것, 이 지역이 다시금 살아나길 원하는 사람들이 있다는 것. 그것들을 드러내는 게 기록단 활동의 의미가 아닐까 싶어요."

다름이 공존하는 이태원의 특별함

정임씨는 기록단 활동을 통해 이태원이라는 지역을 새로 알았다. 물론 정임씨 또한 과거 용산에 5년 정도 거주했지만, 이태원에 가 볼 기회가 없었을 뿐더러 이전까지는 참사 전후 사정에만 주목했다. 그런데 민희씨가 전한 이태원의 일상, 핼러윈의 풍경에는 다름이 공존하는 이태원의 특별함이 담겨 있었다. 그러고 보면, 정임씨가 민희씨의 남편 원기씨를 추가로 섭외했던 까닭도 다름없다. 이태원에서 나고 자란 사람의 이야기를 듣고 싶었기 때문이다.

> "이 지역을 이리도 사랑하는 사람이 있고, 이렇게 소중한 공간이 훼손됐구나를 깨달았어요. 원기씨는 자기 추억이 사라질 것 같아서 두렵다고 했잖아요. 그런 이야기를 들으니 이 공간이 다시 보여요. 단순히 유흥을 즐기는, 흔히 말하는 향락의 장소가 아니라 그냥 사람이 살고 있는 곳, 누군가 추억으로 삼고 애정을 품는 곳이구나."

덕분에 정임씨는 민희씨와 원기씨 두 사람을 만나고도 훨씬 많은 사람을 만난 듯한 기분이 들었다. 그렇게 들은 이야기 속에 지역 주민들이 느낄 법한 생각과 감정이 살아 있으므로. 다만 보다 높은 연령층의 이야기는 또 어떨지 궁금하기도 했다. 같은 지역 주민이라고 하더라도 삶의 맥락에 따라 조금씩 다른 기억을 간직할 게 분명해 보였다.

1장 너와 나, 우리들의 만남

"지난 주말에 광주에 북토크를 하러 가서, 기록단 활동에 대해 말했거든요. 그러면서 참사로 몇 분이 돌아가셨는지 아시냐고 물었더니 아무도 몰랐어요. 159명이란 걸. 그런데 원기씨는 분명하게 이야기하시잖아요. 158명에 한 분 더 돌아가셔서 159명이라고. 그리고 그중 한 명이라도 얼굴을 기억해 달라고 말씀을 하셨고요."

나의 울타리를 넘어 다른 입장에 서 보는 경험

정임씨는 이태원 기록단의 글들이 독자들에게 유가족의 마음을 조금이라도 생각할 수 있는 계기가 되길 바란다. 그리고 한편으로는 젊은 사람들이 많이 읽어주길 바란다.

"동시대를 살아가는 사람들이 한순간에 떠났으니까, 그 순간은 상실감을 크게 느꼈을 거라 생각해요. 자신과 같은 시대에 중고등학교를 다녔던 사람들이니까."

또한 우리 사회에 역지사지의 자세가 필요하다고 강조했다. 남의 문제를 나의 문제로 받아들여야 한다

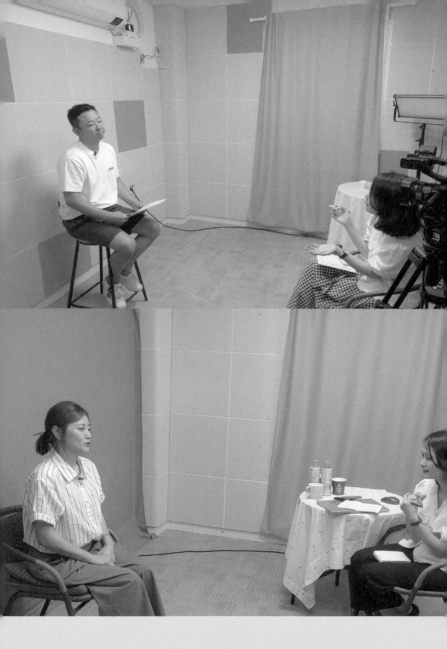

수많은 인터뷰를 경험한 정임씨는 이야기 도중 인터뷰이 손이 떨리는 걸 느끼면서
이태원 참사의 당사자를 희생자, 유가족을 넘어 더 폭넓게 아울러야 한다는 것을
실감했다.

고. 저마다 자기 살기 바쁘지만, 나의 울타리를 넘어 공동체에 대한 감수성을 키워야 한다고. 기록단 활동 역시 정임씨에게 다른 입장에 서 보는 경험이기도 했다.

"이 프로젝트를 하기 전에는 올해 핼러윈은 없을 것 같았는데, 없으면 안 되겠구나 생각했어요. 저는 한 번도 가 본 적 없는데요. 작년에는 초등학생 딸이 학원에서 핼러윈 파티한다고 마녀 옷 이런 거 다 샀거든요. 그렇게 나의 아이만 생각하다가, 이제 나의 아이만 생각할 수 있는 날이 아니니까 한번 가 보고 싶어요."

글. 이상민

*

흔히 '이태원 갬성'이란
말이 있잖아요. 그게 어떤 거냐면
음악이 흘러나오고 자유분방하고
조금 편안한 걸 뜻해요.
한편 외국인들도 많이 만날 수
있고요. 그런 자유로운 느낌을
다른 데서 만나긴 힘들죠.
원래 그랬던 곳입니다.

*

라운지 바 운영자 곽범조

"대체할 수 없는 공간 잘 물려줄 수 있길"

이태원 라운지 바 '섹터 118' 곽범조 대표의 과거, 현재, 미래

'기록'을 쓰기에 앞서 하나의 전제를 먼저 이야기하고 싶다. 그건 바로 과거와 현재, 미래는 분리되는 개념이 아니라 연결되어 있는 관계라는 것이다. 뚱딴지같은 소리처럼 들리겠지만 나름대로 역사적, 과학적, 논리적 근거를 짜깁기해 할 수 있는 주장이다.

언어를 함축해 이야기하는 게 직업인 시인 월트 휘트먼은 과거, 현재, 미래가 떨어져 있지 않고 공존한다는 말을 굳이 남겼고 아인슈타인의 상대성 이론은 시간이 절대적이 아니라 상대적임을 밝혔다. 양자역학적 해석에 따르면, 모든 건 절대적이지 않고(시간마저) 관계 속에서 존재하고 끊임없이 변해 간다. 과거의 나, 현재의 나, 미래의 나는 각각 다르게 존재하지 않고 공존하고 있다고 할 수 있다. 다양한 뇌과학적 발견과 끌어당김의 법칙도 이 특별한 서사를 빛내는 방향으로 해석될 수 있다. 잘 이해가 되지 않지만 어쩔 수 없다. 3차원적 상상만이 가능한 인간의 뇌로 이해하기엔 복잡한 게 많다. 계속 겸허해진다.

연을 맺었던 손님과 공명하고 싶은 마음

그러니까 2022년 10월 서울 이태원에서 일어난 일에 대한 기록은 과거의 기록이라고 할 수 없다. 지금 이 순간 우리 안에 존재하고 미래의 관계 안에서 변해 갈 이야기다. 참사 당시 현장에서 그 누구보다 신나게 축제를 즐기고 있었던 평범한 청춘으로서, 그리고 사건 이후 공동체와 더 강한 연대감과 동시에 삶의 유한함을 더 자명하게 깨달은 작은 존재로서 조명한 한 조각의 기록은 개인적으로 의미가 크다. 하지만 개인적인 의미를 넘어 '다시 놀고 싶다, 이태원' 프로젝트의 정신을 통해 더 많은 이들이 공명하기를 바란다.

세상엔 기억할 게 무척이나 많지만 이태원 참사는 축제가 참사가 되었다는 점에서, 자유를 외치는 청년들이 자유를 잃었다는 점에서, 적절한 국가적 추모 형식이 없었다는 점에서 더욱 중요하게 다가온다. 2022년의 핼러윈은 곧 2023년의 핼러윈이고 2040년의 이태원이다. 관계에 보탬이 되었으면 하는 시민들의 마음이 모였고 나는 함께할 수 있는 영광을 누렸다고 생각한다.

참사 당시 내가 친동생을 포함해 친구들과 시간을 보내고 있던 이태원 라운지 바 '섹터 118'(아래부터 섹터)의 대표 곽범조님을 인터뷰했다. 이태원역 3번 출구에서 엔틱가구 골목을 따라 3분만 걸으면 나오는 곳으로 참사 현장에서 길을 하나 두고 떨어진 곳이다. 섹터는 내가 이태원 참사 이전에 프로젝트 행사를 진행하기도 한 애정 어린 공간이었다.

참사 이후 수많은 인터뷰 요청을 거절했던 범조님이 어렵게 기록에 동의했다. 이미 할 수 있는 모든 노력을 다했지만 앞으로도 이태원의 문화를 계승하고 싶은 마음과 과거 연을 맺었던 손님과도 지금 공명하고 싶은 소중한 마음을 보였다. 너무도 많은 이들이 지난 시간 동안 아파했고 변화를 위해 노력해 왔다. 그중 한 명인 범조님의 기록을 남길 수 있어 영광스러운 마음이다.

끝으로 마음의 상처를 안고 사는 것 외엔 아무런 노력을 하지 않았던 것이 부끄러웠음을 밝히며 기록을 전한다. 아래는 인터뷰를 가독성을 높여 편집한 내용이다. 가급적 가감 없이 싣기 위해 노력했다.

우리는 놀이를 멈출 수 없기 때문이다.

1장 너와 나, 우리들의 만남

이태원에 터를 잡은 이유

호태 오랜만입니다. 이렇게 인터뷰를 기회로 뵙게 되었네요. 뜬금없이 연락을 드렸는데, 어떤 생각이 드셨는지 궁금해요.

범조 조금 정치적인 인터뷰일까 봐 많이 걱정했어요. 그런 게 아니라고 해서 가벼운 마음으로 나왔습니다.

호태 혹시 인터뷰 요청을 받아 본 적 있나요?

범조 네, 많아요. 해밀톤 호텔 뒤쪽에도 운영하는 가게가 하나 더 있거든요. 거기 있는 상인들한테 인터뷰 요청이 엄청 들어왔어요. 그런데 정치적으로 이용하는 분들이 많았어요. 그래서 한 번 인터뷰하고 그 다음부터는 안 했어요.

호태 지금 이태원에 거주하고 계시고, 영업도 하고 계시죠. 얼마나 되셨을까요?

범조 섹터는 한 5년 되었고, 거주한 지는 한 8년 정도 된 것 같아요. 해밀톤 쪽 가게는 문을 연 지 그리 오래되진 않았네요. 사고 터지기 딱 한 달 전쯤 계약했어요. 섹터에서는 음식도 팔고 칵테일이나 와인도 파는데, 저기는 백 프로 펍이에요.

호태 특별히 이태원에 가게를 얻으신 이유가 있으실까요?

범조 너무 어린 연령층이 찾는 곳이 아니라서 좋았어요. 20
대 후반에서 30대 정도? 이태원에 비하면, 홍대는 너
무 어린 분들이 많고 강남은 너무 서울 사람 같다고
해야 되나(웃음).

호태 무슨 말인지 알죠!

범조 또 이태원에는 외국인들도 많고, 친구 같은 느낌이 들
어서 좋았어요. 그래서 이전부터 이태원에 자주 놀러
왔어요.

호태 이전에도 놀러 오셨군요. 그러다 가게까지 열게 되
셨고요. 이태원의 그 친구 같은 느낌을 계속 느낄 수
있었나요?

범조 코로나 시기를 지나면서 많이 느꼈어요. 그전까지 손
님들이 오는 걸 당연하게 여기다가 깨달은 거죠. 이게
당연한 게 아니구나. 단골분들 오시면 엄청 기분이 좋
아요. 호태님이 연락 주셨을 때도 그랬고요. 그래서
인터뷰하는 거예요.

범조씨는 인터뷰 당시 운영하던 라운지 바 '섹터 118' 문을 닫고 같은 자리에 숯불 삼겹살 전문점 '보광정'을 열어 이태원 상인으로서 새로운 여정을 시작했다.

호태 맞습니다. 감사하게 생각합니다(웃음). 특히 기억에
남는 에피소드가 있다면 듣고 싶어요.

범조 코로나가 잠잠해지고 단골 한 분이 오랜만에 오셨어
요. 그런데 그분이 술을 많이 드셨는지 막 오바이트를
하려고 하시더라고요. 제가 그걸 옆에서 손으로 받았
는데, 기분이 진짜 하나도 안 나빴어요. 그만큼 생각
이 바뀌었어요.

호태 참사 발생하기 전 한 1년 정도의 기간 중이었겠네요.

범조 그때가 정말 좋았어요. 저를 포함해 다른 사장님들도
코로나 이후에 인식이 많이 바뀌었어요.

"지금도 꿈꾸는 것 같아요"

호태 참사 당시에도 영업을 하고 계셨던 거죠?

범조 해밀톤 뒤쪽 가게에 있었어요. 그 주변이 원래 음악
소리가 엄청 커요. 그런데 갑자기 재난 영화처럼 모든
음악이 꺼졌어요. 신나 있던 손님들도 휴대전화만 쳐
다보는 거예요. 저는 그때까지도 무슨 일인지 몰랐어
요. 친형이 연락을 줘서 알게 되었어요. 알바생 애들
밖으로 내보내지 말고 손님들도 다 매장에 계시게 하

라고 하더라고요.

호태 저는 섹터에서 있었잖아요. 갑자기 음악이 꺼지고 불이 켜졌던 게 기억이 나거든요. 음… 그럼 그 당시에 범조님은 어떤 감정을 느끼고 어떻게 반응했는지 조금 더 구체적으로 말씀해 주실 수 있을까요?

범조 감정까지는 잘 모르겠고요. 이게 세상에 일어날 만한 일인가 싶었어요. 지금도 꿈꾸는 것 같아요. 전혀 생각지도 못했던 거죠. 핼러윈이 그해에 처음 있었던 게 아니잖아요. 단 한 번도 이런 적이 없었거든요. 그전에 제가 놀러 왔을 때도 사고라고 해 봤자 술에 취해 집을 못 찾는 정도였지.

호태 저는 그 당시 연락을 많이 받았거든요. 현장에 있었으니까요. 범조님도 그러셨을 것 같아요.

범조 네, 연락 많이 받았고요. 우선 부모님, 그리고 여기서 일하던 친구들 부모님 빼고는 다 답장을 일주일 뒤에 했어요.

호태 그 이유를 여쭤 봐도 될까요?

범조 그냥 답장하고 싶지 않았어요. 누구는 사고를 직접 겪었는데, 거기에 대해 일일이 말하고 싶지 않았어요. 이것저것 물어보기도 했거든요. 일하는 친구들 부모님들한테만 직접 전화했어요. '여기 이제 괜찮으니까 상황 풀리면 택시 태워서 보내겠다' 이런 식으로… 애들이 다 어리거든요.

임대료 내고 인건비도 줘야 하는데 해결 방법이…

호태 참사 이후의 이야기가 궁금해요.

범조 코로나가 연장되어 있는 느낌이에요. 이태원에서만요. 빚도 많이 졌어요. 손님들 발길이 끊겼으니까. 매출 유지가 안 되어서 계속 대출받고 돈을 빌리고 있어요. 오히려 코로나 때 손님이 더 많이 왔어요. 솔직히 저조차도 안 가고 싶어요. 그런 일이 있었는데 누가 여기서 즐거운 분위기를 내며 술을 먹으려 할까요.

호태 한동안 영업도 안 하셨다고요.

범조 다른 사장님들은 거의 한 달을 안 했어요. 저는 여유가 없어서 7일 정도만 영업을 못 했고요. 그 다음부터는 손님이 오든 안 오든 문만 열어 두었어요.

1장 너와 나, 우리들의 만남

범조씨는 이태원 문화를 계승하고 싶은 바람과 연을 맺었던 손님과 공명하고 싶은
소중한 마음을 함께 보여 주었다.

호태 영업을 다시 시작하고 나서 사람들을 불러모으기 위해 했던 노력들이 있을까요?

범조 일단 한국인에 대한 마케팅을 줄였어요. 대신 외국인이 좋아할 만한 쪽으로 갔어요. 실제로 반응도 좋았어요.

호태 외국인분들은 조금 더 편하게 이태원을 찾고 있나요?

범조 아니요. 외국인들은 한국인들보다 전달받는 게 늦었어요. 그래서 사고에 대한 반응이 한 달 뒤에 오더라고요. 그러니까 그다음 서너 달 동안에는 한국인도, 외국인도 안 왔던 거죠.

호태 그럼 그 이후에는 어떻게 운영하셨어요?

범조 그전까지는 각자 살기 바빴는데, 코로나 때 시간이 워낙 많이 남아 옆 가게에 인사를 드리면서 상인들끼리 서로 친해졌거든요. 그러고 나서 이벤트도 같이 많이 열었고요. 이번에는 다 조심스럽더라고요. 그래서 아무것도 못 하고, 암묵적으로 추모의 시간을 가졌죠. 임대료도 내야 하고 애들 인건비도 줘야 하는데 해결할 방법이 없어요. 그렇다고 예전처럼 파티를 하기에도 좀 미안하고요. 이제 그냥 음식 팔고 칵테일 먹고 대관

1장 너와 나, 우리들의 만남

하고, 그런 식으로 운영하고 있죠.

"그 골목을 일부러 자주 지나가요, 생각을 하려고요"

호태 해밀톤 뒤쪽은 다시 참사 이전과 똑같은 방법으로 계속 운영하고 사람들이 다시 찾아오고 있나요?

범조 거의 80퍼센트까지 올라왔어요.

호태 저는 한동안 이태원에 오지 못했어요. 추모공간 생기고 나서 한두 번 방문했던 것 같아요. 범조님께서는 어떤 방식으로 추모를 하셨나요?

범조 저는 거의 이태원에 있거든요. 집도 여기라서요. 보통 밤에 활동하는데, 그 골목을 일부러 자주 지나가요, 일부러. 기도하진 않고 그냥 지나가요. 생각을 하려고요. 잊기엔 조금 크기도 하고, 잊고 싶지도 않아요. 저도 그렇고 다른 사장님들도 다 그 골목을 일부러 많이 지나다녀요.

호태 그렇다면 생업이 걸린 입장에서 생각할 때 추모공간을 어떻게 유지하면 좋을까요?

범조 유가족분들이 원하는 걸 최대한 해드리고 싶었어요. 대신에 영업 제한 없이 문만 열었으면 했어요. 단 한 번도 추모공간에 대해 치우라고 한 적 없었어요. 저는 그냥 문만 열고 싶었어요. 먹고살아야 하니까, 가족들을 지켜야 하니까. 그런데 너무 정치적으로 바라보니까 아예 인터뷰 자체를 꺼렸거든요. '나라가 이 정도인가' 생각했어요.

호태 충분히 그러셨을 것 같습니다. 올해도 핼러윈이 돌아오잖아요. 그 모습이 어떨 것 같을지 여쭤 보고 싶습니다.

범조 좀 더 체계가 잡혀 있지 않을까요? 원래는 주최자가 없었어요. 자연스럽게 많은 분들이 오셔서 즐겨 주셨거든요. 그런데 이런 사고가 생겼어요. 아마 상인 분들 모두 많이 긴장해 있을 거예요. 저도 솔직히 너무 긴장되거든요. 좋게 넘어갔으면 합니다.

호태 섹터에서도 지금 핼러윈 파티를 기획하고 있나요?

범조 아직은 안 하는데, 그래도 하기는 하겠죠. 해야 하는 거니까.

호태 저도 해야 한다고 생각합니다. 기회가 된다면 꼭 참여할게요. 정부나 공공 차원에서는 무엇을 해야 할까요?

범조 찾아보니까 경찰들이 통제하는 시스템이 있더라고요. 아마 그런 걸 하지 않을까 해요.

어른들을 통해서 아이들이 재밌게 놀 수 있도록

호태 이 가게를 내놓으셨다고 들었어요. 그 이유에 대해 말씀해 주실 수 있을까요?

범조 그냥 정리하고 싶은 마음이 엄청 컸어요. 이태원을 좋아하긴 하지만, 마음이 조금 떠났다고 해야 되나…. 이런 일이 생기면 제 가족을 지킬 수 있는 환경이 안 되니까요. 그게 내놓은 이유 중 하나죠. 방어책 같은 게 없더라고요. 그렇다고 정부에서 해 줄 수 있는 것도 없고. 문을 열고 싶어도 열 수도 없고, 광고를 하자니 괜히 또 눈치 보이고.

호태 만약에 참사 이전만큼 사람들이 다시 온다고 하더라도, 접고 싶은 마음이신 건가요?

범조 네, 섹터는요. 아마 다른 데서는 더 하겠지만, 여기는

축제가 참사가 되었다는 점에서
적절한 국가적 추모 형식이 없었다는 점에서
자유를 외치는 청년들이 자유를 잃었다는 점에서
10.29 이태원 참사는 더욱 중요하게 다가온다.

정리하고 싶은 마음이 제일 크죠.

호태 참사의 기억을 안고서 어떻게 이태원을 지켜 나갈 수 있을까요?

범조 다들 저처럼 머리 한 곳에 각인되어 있겠죠. 자연스럽게 안전에 대해 신경을 많이 쓸 거고요. 그런데 그런 걸 신경 쓰지 않는 아이들이 있거든요. 어린 친구들. 그런 친구들을 보호할 수 있는 시스템이 잡혀 가겠죠, 천천히. 시행착오를 거쳐 안전한 시스템이 잡힐 거예요. 어른들을 통해서 이 아이들이 진짜 재밌게 놀 수 있도록 말이죠. 저도 그 아이 중 한 명이었는데, 어느 순간 어른이 되었거든요.

호태 굉장히 와닿는 표현이에요.

범조 여기서 오래 장사하신 분들은 다들 예전 자신의 기억을 친구들, 동생들한테 전하고 싶어하거든요. 처음에는 그 말을 이해 못 했어요. 저한테 막 '후배'라는 거예요. 그걸 이해 못 했는데 이 일이 생기고 보니까 알겠어요. 제가 놀았던 공간은 다른 사람들이 이미 물려줬던 거예요. '내가 그때 재밌었으니까 너희들도 한번 해 봐.' 이렇게요. 이제는 안전에 대해 신경을 쓰면서 재미있게 놀 수 있는 환경으로 바뀌겠죠. 어릴 때는 홍대 가서 놀고, 재미없으면 강남 가고, 그러다 나중에 이태원으로 가고. 이게 다 그전에 놀던 어른들이 만들어 놓은 공간들이고, 우리가 이어 가는 거예요.

호태 이태원만의 매력에 대해 보다 구체적으로 설명해 주실 수 있을까요?

범조 이태원을 대체할 곳은 없어요. 그 분위기를 따라 할 수는 있겠지만, 다른 지역에서 100퍼센트 카피할 수가 없어요. 압구정이나 홍대 사장님들도 다 알고 계세요. 그래서 그냥 그 지역에 맞는 새로운 분위기를 만드는 게 효과적이에요. 이태원 사장님들은 이태원만의 느낌을 유지하면서 가다듬으려 하고요.

흔히 '이태원 갬성'이란 말이 있잖아요. 그게 어떤 거냐면, 음악이 흘러나오고 자유분방하고 조금 편안한 걸 뜻해요. 강남 갈 때랑 이태원 갈 때랑 스타일이 달라요. 이태원은 퇴근하고 곧장 들를 수 있다면, 강남은 집에 한 번 들렀다 세팅하고 가야 할 것 같은 거죠. 한편 외국인들도 많이 만날 수 있고요. 그런 자유로운 느낌을 다른 데서 만나긴 힘들죠. 원래 그랬던 곳입니다.

1장 너와 나, 우리들의 만남

이태원에서 시작해서 이태원으로 끝난 인터뷰. 그 사이엔 과거, 현재, 미래의 우리들의 모습이 있다. '원래 그랬던 곳'이었던 이태원이 미래에도 현재와 연결될 수 있길 바라며 기록을 마친다.

상실된 사진들

2022년 10월 29일, 그날 찍은 사진이 여전히 나의 스마트폰에 저장되어 있다. 중간에 화면을 접을 수 있는 기종으로 바꾸기도 했지만, 연동된 클라우드에는 모든 게 그대로 남아 있다. 시간이 빠르게 흘렀다. 그사이 수많은 제품들이 새로 출시된 만큼 세상도 바뀌었고 나도 바뀌었다. 그런데 누군가 말했다. 시간이 빠르게 흐르는 까닭은 당신의 삶이 다양한 변화를 겪어 왔기 때문이라고. 지나고 나니 시간이 빠르게 느껴지는 것이라고.

참사 이후 나의 스마트폰에는 약 6천 장의 사진이 추가되었다. 직접 촬영한 것, 화면을 캡처한 것, 다운로드한 것. 거기에 더해 동영상 또한 200편이나 늘었다. 한 사람이 하루에 스마트폰을 꺼내 찍는 사진이 평균 6장쯤 된다는데, 나의 경우 그 평균치를 웃돌아 손바닥만 한 기계에 '사진'을 가득 저장하며 흐르는 시간을 느껴 왔다.

20세기 후반, 예술평론가이자 인권활동가였던 수전 손택은 그의 저서 『사진 이야기』에서 이렇게 지적했다.

고통을 직접 느끼는 것과 고통이 담긴 사진을 보는 것은 다른 일이다. 사진 이미지를 보는 것이 반드시 양심과 연민의 능력을 강화시키는 것은 아니다. 오히려 그것들을 타락시킬 수도 있다. 한 번 그런 이미지를 보면, 이제 더 많은 이미지를 보는 일만 남았다. 이미지는 사람을 사로잡고, 무감각하게 만든다. (To suffer is one thing another thing is living with the photographed images of suffering, which does not necessarily strengthen conscience and the ability to be compassionate. It can also corrupt them. Once one has seen such images, one has started down the road of seeing more and more. Images transfix. Images anesthetize.)

사진이 보편화되면서, 우리는 타인의 고통에 둔감해지고 그 고통을 이미지로서 소비하기 쉬워졌다. 그리고 지금, 수전 손택의 이 책이 쓰인 70년대와 비교할 수 없을 정도로 쉽게 사진을 접할 수 있다. 나 역시 그 예제

중 한 명이다. 분명 더 많은 미디어와 연결되고 있지만 과연 우리는 이를 통해 연민을 느끼고 있을까.

삶의 축복을 억울하게 놓친 이들과 남겨진 이들

'태어났으니까 산다'는 철학에 설득되던 때가 있었다. 그리고 그 철학은 더 이상 내게 유효하지 않다. 살아 있다는 것은 그 자체로 축복이자 무한한 잠재력이다. 이미지만을 소비하며 살기에는 삶이 아깝다. 또한 삶의 축복을 억울하게 놓친 이들과 남겨진 이들에게 미안한 일일 것이다.

일 년 전 곽범조님을 인터뷰하고 쓴 글을 다시 읽고 나니, 나는 왠지 부끄러워졌다. 중요한 사회적 활동을 하지 않은 느낌이 들었다. 관심이라는 자원은 한정적이다. 무엇에 관심을 기울이고 있는지 점검이 필요해 보인다. 범조님은 센터를 정리하고 같은 자리에 '보광정'이라는 숯불 삼겹살 전문점을 열었다고 한다. 센터에서 함께 일하던 동료들과 새로운 길을 모색한 것이리라.

최근 나는 소셜 미디어 계정을 지웠다. 그럼에도 세상과 단절되었다고 느끼진 않는다. 매일 수십 번 들락거리던 때보다 아는 소식이 줄었지만, 중요한 사건을 기억하는 시간은 훨씬 늘었다.

수전 손택이 말하기를, 우리에게 필요한 건 똑똑한 머리나 기술을 다루는 능력이 아닌 진정한 공감 능력이다. 그런가 하면, 나를 사랑하는 데 필수적인 건 연결감이다. 단순히 이미지를 소비하기보다 사회적인 활동을 통해 의미를 만들고 싶다. 그렇게 나를 더 사랑하고 싶고, 인간의 본성에 더 충실하고 싶다. 글을 쓰고 사진을 찍고 음료를 마신다. 이게 내 전부가 아니란 걸 안다. 당신도 그렇다.

글. 노호태

1장 너와 나, 우리들의 만남

인터뷰어 노호태를 만나다

*

저는 수학을 공부했거든요.
통계를 통해 세상을 일반화하는
사고에 익숙한데, 숫자로 표현되지
않는 이야기가 역시 많더라고요.
되게 섬세해져야 하고
훨씬 자세히 들여다보아야
하는 것 같아요. 그만큼 무엇이든
입체적으로 바라보는 태도가
중요하지 않나 싶어요.

한 사람 한 사람이 연결되어 있다는 감각

해방촌 스타트업 대표 호태씨가 띄우는 믿음과 희망의 주파수

호태씨는 매년 이태원을 찾았다. 참사 당시에도 친구들과 이태원에서 핼러윈을 즐기고 있었다. 술에 취한 상태였지만, 그날의 기억은 여전히 또렷하다. 시끄럽게 울리던 음악 소리가 갑작스레 멈췄고, 어둡던 실내는 난데없이 밝아졌다. 호태씨는 회상한다. 어쩌면 그 골목에 있었던 게 나였을지도 모른다고. 때문에 그날 이후를 살아가는 마음은 전과 같지 않다. 그토록 사랑하는 놀이터를 잃은 것만 같은 기분도 어쩔 수 없다.

"저는 힘들지 않고 괜찮아요. 같이 현장에 있었던 친구들도 다들 일상에 복귀하지 않았나 싶어요. 그런데 그날 이후로 이태원에서 놀았던 기억은 없는 것 같아요. 아무래도 그냥 묵묵히 지나치게 되더라고요. 보통 이태원만의 자유로운 느낌을 좋아서 갔는데 이제 그런 느낌이 잘 안 나기도 하고, 또 그런 일을 목격했는데 다시 와서 노는 제 모습이 보기 좋지 않은 것 같아서요. 인터뷰하러 간 게 그날 이후 처음이었어요."

두 사람이 쌓은 신뢰가 이미 두터웠다

섹터 118. 호태씨는 참사 당시 머물렀던 가게를 오랜만에 방문했다. 휴무일에 일부러 시간을 낸 범조씨의 얼굴에도 화색이 돌았다. "호태님이 연락을 주셨을 때 엄청 기분 좋게 받았어요." 그동안 모든 인터뷰를 거절해 온 범조씨이지만, 단골손님인 호태씨의 제안만큼은 기꺼이 응했다. 정치적으로 비치고 싶지 않다는 당부가 사전에 있었고 호태씨도 거듭 약속했다. 그리고 무엇보다 두 사람이 쌓은 신뢰가 이미 두터웠다.

"섹터는 제가 행사를 준비하면서 공간을 알아보다가 우연히 알게 되었어요. 국악 공연을 하고 싶었는데, 섹터가 원래 힙합 라운지라 대관을 승인하기 어려울 수 있었거든요. 그런데 범조님이 선뜻 오케이 해 주시고, 당일에도 엄청 많이 도와주셨어요. 그러고 나서 종종 놀러 갔던 거죠. 그래서 저한테는 소중하고 감사한 분인데, 참사가 일어나고 나니까 안타까운 마음이 컸던 것 같아요. 이곳이 어려워질 게 기정사실처럼 보였으니까."

참사 이후에도 삶은 계속된다. 매출이 회복되더라도 더는 영업하고 싶지 않은 마음이 있다. 자기 잘못이 아니라는 걸 알면서도, 무거운 책임을 짊어지기도 한다. 호태씨는 기록단 활동을 통해 그 낱낱의 삶을 구체적으로 그리게 되었다. 그날, 혼비백산한 가운데서 어린 직원들부터 챙기며 그들의 보호자에게 먼저 전화를 돌려 안심을 시키던 범조씨의 대처는 얼마나 성숙하던지. 그 어른스러운 모습에 감명받으면서도 정작 범조씨 자신은 주변 사람들과 연락을 끊고 지냈다는 이야기를 아프게 들었다.

"결국 나와 무관한 사건은 없는 것 같아요. 한 사건에 직접 영향을 받은 사람이 있다면, 그와 연결된 사람이 있고 그렇게 나도 연결되니까요. 저는 수학을 공부했거든요. 통계를 통해 세상을 일반화하는 사고에 익숙한데, 숫자로 표현되지 않는 이야기가 역시 많더라고요. 되게 섬세해져야 하고 훨씬 자세히

1장 너와 나, 우리들의 만남

호태씨는 사랑하는 놀이터를 잃은 듯해 못내 힘겨웠지만 범조씨(정면에 보이는 이) 인터뷰를 계기로 참사 당시 머물렀던 자리에 다시금 발을 내딛을 수 있었다.

들여다보아야 하는 것 같아요. 그만큼 무엇이든 입체적으로 바라보는 태도가 중요하지 않나 싶어요."

살을 맞대고 '껴울리는' 경험의 가치와 의미

한 사람 한 사람이 연결되어 있다는 감각. 호태씨가 기록단을 통해 희망을 느꼈던 건 바로 그런 연대감 덕분이다. 서로 종사하는 분야가 다르더라도 다들 비슷한 방향을 바라보고 있었다. 한편 완성된 결과물은 기성세대에게 보여 주고 싶다. 반복되는 참사 속에서도 세상은 나아지고 있으니, 미래를 낙담하는 대신 희망을 갖고 응원을 보내 주길 바란다는 뜻으로. 호태씨가 추가로 섭외하고 싶은 인터뷰이로 정치인을 택한 이유 역시 통한다. 전부 단단히 연결되기 위함이다.

"시민들이 원하는 걸 하는 게 정치인이잖아요. 시민들이 이런 건강한 추모 문화를 바라고, 이태원 문화가 계승되기를 바란다는 걸 정책 입안자들이 들었으면 좋겠어요. 계속 목소리를 내면 들려지고, 그 메시지 역시 전달된다는 반응을 확인할 수 있었으면…. 어쨌든 결과물이 일단 많이 읽혔으면 좋겠네요. 아직까지 이 참사가 사람들한테 잊힌 기억이 아니고,

1장 너와 나, 우리들의 만남

잊기에 너무 빠르다는 걸 일깨웠으면 좋겠어요."

참사 이후를 살아가는 건 호태씨도 마찬가지다. 이제 삼십 대에 접어든 호태씨는 잘 산다는 게 무엇인지 고민이 많다. 2023년 초에는 이태원과 가까운 해방촌에서 미디어 사업을 시작했다. 물리적인 공간을 매개로 사람들이 연결될 수 있는 기회를 만들고 싶어 매달 다양한 모임을 열어 왔다. 앞으로 이태원 참사와 관련된 주제로 이야기 나눌 수 있는 자리를 꾸준히 마련하는 게 호태씨의 목표 중 하나다.

"회사 이름인 '껴울림'은 공명이라는 뜻의 순우리말이에요. 각기 다른 물체가 같은 주파수로 울리는 게 공명이잖아요. 그렇듯 이 세상에 공명을 만들고 싶다는 의미를 담았어요. 물론 메시지를 전하는 모든 매체를 미디어라 하지만, 어떤 콘텐츠를 중심으로 하기보다 살을 맞대고 껴울리는 경험 그 자체를 핵심으로 하는 거죠. 사실 이태원 참사를 통해서 논의할 수 있는 공동체적인 가치가 많기 때문에 이곳에서 계속 공론장을 진행하지 않을까 싶습니다."

서로 믿을 수 있는 사회는 어떻게 가능할까

껴울림이 위치한 해방촌도 호태씨에게 뜻깊다. 동네 한 바퀴를 걷다 보면 다양한 사람과 다양한 가게를 만날 수 있다. 그 매력에 빠진 호태씨는 특색 있는 사업장을 차려 이 마을과 실컷 껴울리고 싶었다. 그리고 그런 애정을 키우던 시기, 때마침 버스 정류장에 붙은 포스터를 보고 이태원 기록단에 신청했다. 용산FM의 존재도 그렇게 알게 되었다. 원래도 인터뷰 활동에 관심이 많았지만, 시민 주도로 진행되는 기획이라는 점에서 더욱 호기심이 들었다.

"방송국이나 시민단체에서 하는 것에 비해 훨씬 창의적인 시도잖아요. 공동체미디어의 중요성에 대해 깨달았고, 껴울림도 해방촌에서 그런 역할을 할 수 있으면 좋겠다고 생각했어요. 안 그래도 주변 상인분들이랑 친해지려고 노력하고 있어요. 돌아다니면서 인사도 드리고 그러는데, 다들 이 지역이 잘되길 바라기 때문에 반갑게 맞아 주시는 것 같아요. 상점이든 식당이든 정말 진심으로 자기 하는 일에 자부심 느끼는 분들도 많고요."

1장 너와 나, 우리들의 만남

주민 상영회
다시 놀고싶다, 이태원

2023.10.12
19:00-21:30

껴울림
용산2가동 19-11 1층

1부   상영회

주민들의 이야기를 담은 인터뷰
19:15-19:45(30min)

2부   라운드 테이블

이태원 참사에 대한 생각과
감정을 자유롭게 이야기 하기
20:00-21:20

주관   지원   사랑의열매   4·16재단

껴울림에서 열린 '다시 놀고 싶다, 이태원' 주민 상영회 포스터. 호태씨는 서로 믿을 수 있는 사회는 어떻게 가능할지, 그 고민을 사람들과 공명하며 풀어 가고 싶다.

마지막으로, 호태씨가 떠올린 키워드는 믿음이다. 각자도생하기보다 서로 믿을 수 있는 사회는 어떻게 가능할까. 그런 믿음을 어떻게 가질 수 있을까. 호태씨는 껴울림을 통해 고민을 이어 가고자 한다.

"개개인 사이에서도 그렇고, 공공기관을 향해서도 그렇고 신뢰가 계속 떨어지고 있는 것 같아요. 어떻게 보면 모두 국가적 재난이잖아요. 구조적인 문제로 발생했으니까. 그렇게 집단에 대한 불신, 이 시스템에 대한 불신이 나타나고 있는데, 어떻게 우리 사회가 신뢰를 회복할 수 있을까요?"

글. 이상민

1장 너와 나, 우리들의 만남

조금 캐주얼하게,

평소처럼 재밌게

✳

이겨 내야 했어요,
이 지역에서 살아남으려면.
이제 이태원을 경험하는 분들이
너무나도 많잖아요. 이렇게 재밌는
공간이 있다는 걸. 그러니까
더 괜찮다고 보여 줘야 할 것 같은
느낌인 거죠. 이런 일이 발생해도
잘 이겨 낸다고 보여 줘야
할 것 같았어요.

드랙 아티스트 선샤인

불특정 다수가 나를 옹호해 주는 공간

이태원의 역사와 퀴어 문화에 진심인 사람, 선샤인

이태원은 여러 커뮤니티의 상징으로 여겨진다. '이
태원'이라는 지명을 들었을 때 우리는 게이클럽, 트렌
스젠더바, 드랙쇼와 같은 LGBTQ+ 문화와 다양한 국
적의 외국인, 음식점을 연상한다. 그렇듯 이태원은 '경계
없는 풍경'을 일상적으로 접할 수 있는 장소다. 그리고
이 이질적인 모습은 '다양성'이라는 말로 흔히 표현된다.

'다양성'이라는 말을 들여다볼 필요가 있다. 그 말
안에 얼마나 많은 사람들이 포함되고 또 가려지는가?
그 말 너머 어떤 편견들이 생기는가? 우리는 다양성을
어떻게 타자화하는가? 이태원의 다양성은 퀴어와 외국
인으로 대표된다. 주류 사회 외부에 위치한 문화와 사
람이 이태원을 이루며, 이방인의 정체성이 이태원에 터
를 잡고 모여드는 것이다.

이태원에는 이곳에서 살아야만 하는 사람들이 있

고, 수 세대 동안 그들이 만들어 온 문화가 있다. 159명의 안타까운 희생 앞에서 이태원에서 어떻게 노는지 주목하는 것은 이상한 일일 수 있다. 그러나 나는 이태원에 사는 사람들과 이들의 일상, 이들이 생각하는 이태원과 이태원에서 노는 방식, 그리고 이를 통한 애도에 대해 이야기하고자 한다.

비슷한 정체성을 공유하는 '마음의 고향'

"제가 사는 이 공간의 회복을 목적으로 한다고 해서 인터뷰에 참여하면 좋을 것 같았어요. 또 제가 모든 성소수자 아티스트들을 대변할 수는 없겠지만, 그분들과 연결된 이야기를 전할 수 있을 것 같았고요."

선샤인과는 우연한 계기로 알게 되었다. 사진작가인 친구가 촬영을 위해 그가 일하던 드랙바를 방문한 날, 나도 그를 처음 만났다. 나와 동갑인 그는 아주 친근했다. 진로를 고민하는 여느 또래 친구들과 같은 표정으로 이야기하던 게 기억난다. 그리고 2년 만에 그를 다시 만나 인터뷰했다.

"지금은 잠깐 재정비하는 시간을 갖고 있어요. '러쉬'에서 일을 하면서 게이클럽에서 바텐더를 겸하고 있고요. 하고 싶은 게 많다 보니, 드랙은 내가 하고 싶은 그 무언가가 더욱 확고하게 생겼을 때 하고 싶거든요."

지난 3년, 선샤인은 이태원을 거점으로 드랙퀸 활동을 해 왔다. 그는 이태원의 역사와 놀이 문화, 그 안의 사람들뿐만 아니라, 다른 지역의 퀴어 문화도 꿰뚫고 있었다. 사전 미팅 자리에서 1시간에 걸쳐 신나게 이야기할 정도였다.

"이태원은 제2의 고향 같은 공간이에요."

이태원은 퀴어들에게 상징적인 공간이다. 선샤인 역시 일찍이 이태원을 선망했다. 그렇게 드랙퀸 활동을 시작하면서 이태원에 대한 애정은 훨씬 커졌고, 그는 이태원의 매력으로 '날것'을 꼽기도 했다.

"드랙 커뮤니티에서 이태원은 상징적인 지역이에요. 90년대부터 드랙퀸 클럽이 있었다 보니까, 메이

드랙퀸 아티스트, 게이클럽 바텐더 등 다양한 활동을 펼치는 선샤인은 이방인의 정체성이 소외받지 않는 이태원을 제2의 고향으로 여긴다.

저처럼 여겨져서… 드랙 하시는 분들은 다 이태원에서 활동하고 싶을 거예요. 저도 그런 마음으로 시작했고요."

비슷한 정체성을 공유하는 사람들과 자유롭게 대화를 나눌 수 있다는 점 또한 이태원의 매력이다.

"이태원은 무서운 곳이라는 인식이 있었잖아요. 그렇게 소외받는 분들이 모이게 된 장소이다 보니까

선샤인

연대감을 느꼈던 것 같아요. 다른 지역에서 나고 자랐지만, 지금은 이태원이 조금 더 마음의 고향 같은 공간이에요."

종로에서 이태원으로 이어진 추억

그는 종로구에 위치한 청소년 성소수자 커뮤니티 클럽 '띵동'을 통해 친구들을 많이 만났다고 했다.

"종로에 '띵동'이라는 청소년 성소수자 커뮤니티 클럽을 알고 종로에 자주 놀러 다녔어요. '게이빈'이라고 아시나요? 종로에 있는 '커피숍'인데 성소수자들이 하도 많이 모여서 그렇게 불렸어요. 청소년 성소수자들은 술집을 갈 수도 없고 밤에 어디 갈 만한 데가 없으니까 그냥 거기 앉아서 놀았던 거죠. 미성년자 시절에는 핼러윈 같은 때 나와서 그냥 길거리를 배회하면서 사람 구경하고 놀았죠. 분장한 사람들과 같이 사진도 찍었던 것 같아요." -

스무 살 이후, 선샤인은 '띵동'을 통해 사귄 친구들과 이태원에서 수많은 추억을 쌓았다. 난생처음 가 본 게이클럽도 재밌었고, 이태원의 문화는 마냥 신세계처

2장 조금 캐주얼하게, 평소처럼 재밌게

"이태원에서 퀴어 퍼레이드를 해도
재밌을 것 같아요. 왜냐하면 상징적인 공간이니까.
이태원의 캐릭터로 만들 수 있을 텐데⋯."

럼 다가왔다. 한때 주 4일을 놀러 다녔다는 그는 그 이
야기를 전하며 매우 상기되어 보였다.

"이태원의 명절이었죠, 핼러윈은. 그동안 못 보던
사람들도 핼러윈 때 만날 수 있었으니까."

선샤인에게 핼러윈은 말 그대로 축제였다. 그는 이
태원의 핼러윈에 대해, 모두가 유령이 된 것처럼 서로의
배경은 잊은 채 함께 어울려 노는 날이라고 묘사했다.

"핼러윈 축제에 가면 모든 사람들이 서로의 배경에
대해 아예 묻지 않아요. 그냥 '너 재밌다, 나랑 같이
놀자' 이런 말로 통해서 편견 없이 재밌게 놀 수 있
었어요. 사실 이태원 메인 거리를 기준으로 이쪽은
게이 거리, 이쪽은 일반분들 거리로 보통 나뉘는데
핼러윈이 되면 그런 거랑 상관없이 많이 섞이게 되
었던 것 같아요."

이미 이태원 문화에 익숙한 선샤인에게도 이태원
은 언제나 남다른 장소였다.

"한국 사람들은 내가 어떻게 보이는지 신경을 많이 쓰는 편이잖아요. 그런데 이태원에서는 신경을 안 쓰거든요. 내가 말랐든, 살집이 있든 피부를 드러내는 게 아무렇지 않고, 무슨 시상식 가는 사람처럼 화려하게 입어도 신경 안 쓰고, 드랙을 하고 돌아다녀도 드랙퀸이 있구나, 이러고 마는 게 좋은 것 같아요."

그는 이태원을 방문하는 사람들이 그 자유로움에 점점 스며든다고 말한다.

"처음 평범하게 입고 왔던 사람들도 점점 깨닫는 것 같아요. 여기서는 이렇게 입고, 이렇게 행동해도 괜찮구나. 마인드 세팅이 바뀐다고 해야 되나? 나중에는 '야, 이태원 가는데 화끈하게 입어야 하지 않냐' 이렇게 되는 거죠."

자유로움과 다양함에 뒤따르는 편견

어떻게 보면, 이태원은 일탈적인 장소다. 그 자유로움과 다양함에는 편견이 뒤따른다.

"그저 다른 스타일로 논다 뿐이지, 이태원이라고 별반 다르지 않다고 생각하거든요. 성별만 조금 자유롭다? 남자가 남자를 헌팅해도 여자가 여자를 헌팅해도 아무렇지 않다는 거. 이래서 이태원이 안 된다느니, 저렇게 노니까 저런 거라느니, 이런 얘기하는 사람들 되게 많잖아요. 사실 직접 경험 안 해 본 사람들이 그런단 말이에요. 실제로 이태원에 와 보면, 그냥 자유로운 공간으로밖에 안 보여요."

선샤인은 성소수자가 많은 이태원의 특성상 오히려 안전한 공간이 될 수 있다고 이야기한다.

"이태원만큼 불특정 다수가 나를 옹호해 주는 공간이 없거든요. 이태원은 상대방의 배경에 의문을 두지 않아요. '잘 논다. 쟤랑 같이 놀고 싶다' 이거밖에 없어요. 그리고 제가 게이클럽에서 일하잖아요. 여성분들이 되게 많이 오세요. 그 이유가 뭐냐면, 잘생긴 남자들이 많은데 이 남자들이 나한테 해코지하지 않는다는 거예요. 아이러니한 거죠."

한편, 선샤인은 이태원을 안전하지 않은 공간으로

2장 조금 캐주얼하게, 평소처럼 재밌게

시상식 가는 사람처럼 화려하게 차려입거나, 드랙을 하고 돌아다녀도 특별히 신경
쓰지 않는 이태원의 매력에 선사인은 자유로움을 느낀다.

인식하기도 한다. 다양한 사람이 모이는 곳인 만큼, 서로를 배려하기 위해 스스로 경계해야 한다는 점에서 그렇다.

"말을 조심해야 되는 공간이라고 생각해요. 왜냐하면 다양한 사람들이 모이기 때문에 내가 하는 말이 언제든 폭력이 될 수 있단 말이에요. 섣불리 일반화할 수 없다고 해야 되나? 예를 들어 '여자 친구 있으세요?'라고 남성 100명한테 물을 때 30명 정도는 '저 여자 안 좋아해요'라고 답할 수 있는 게 이태원인 거죠. '너는 왜 남자를 좋아해?' 이런 질문도 사실 불편할 수 있어요. 나는 날 때부터 남자를 좋아했는데 남자를 왜 좋아하냐고 물으면 할 말이 없잖아요."

논다는 건 재밌게 성장할 수 있는 방법

선샤인에게 이태원은 삶의 터전이자 다양한 사람을 만나 어울려 놀 수 있는 공간이다.

"노는 과정 안에서도 사회성을 기를 수 있다고 생각하는 편이에요. 내가 불편한 만큼 이 사람도 불편할 수 있다는 걸 인식하고 배려해야 하잖아요. 그러니까 논다는 건 내가 재밌게 성장할 수 있는 방법 중 하나인 것 같아요. 학교에도 기본 교육 과정이 있고, 방과 후 활동 같은 특수 교육 과정들이 있잖아요. 마찬가지로, 내가 사회생활을 하는 건 기본 교육 과정, 노는 건 방과 후 수업 같은 느낌? 특히 재밌는 사람들이랑 놀면 그런 생각을 많이 하게 되는 것 같아요. 이렇게도 노는구나, 저렇게도 노는구나. 노는 방법을 배운다고 해야 할까요?"

그는 한국어를 못하는 친구들과 번역기를 활용해 대화를 나누고 외국어를 배우는 것 또한 놀이 문화 안에 포함시켰다.

선샤인은 이태원을 "핫한 사람들이 많은 핫한 곳"으로 기억했다. 코로나 시기를 지나며 침체된 이후 다시 '핫플'이 된 이태원은 어떤 모습이었을까?

"퀴어들이 뉴미디어 안에서 각광받는 시즌이었어요. '이태원에 오면 유명한 사람들, 드랙퀸도 많이 본다더라' 이런 이야기가 흔하게 오고 갔어요. 그래서 이태원에서 일하고 있는 사람들 입장에서는 되게 긍정적인 거였죠."

그는 2020년부터 이태원 퀴논길에 위치한 드랙바에서 드랙퀸으로 활동했다. 한 달에 두세 번 이상 공연하고, 드랙을 하지 않더라도 사람들이 그를 찾아왔다.

이태원을 떠날 수 없는 사람들

참사 당일의 경험과 감정, 생각에 대해 묻자 선샤인의 목소리가 차분해졌다. 참사에 대한 복잡한 마음이 느껴졌다.

"음… 저는 드랙바에 있었어요. 그러다 이태원에서 압사 사고가 났다더라 하는 얘기를 손님을 통해 전해 들었어요. 두 개의 감정이 들었던 것 같아요. 일을 하고 있는 상황이라 당황스러웠고, 한편으로는 '왜 이렇게까지 됐을까'에 대한 생각? 분명 사람들이 많이 모일 거라고 예상 못 하지 않았을 텐데. 갑자기 사방에 퍼져 있던 사람들이 모여서 그렇게 된 것도 아니고. 그전부터 사람이 그만큼 많았다는 거잖아요. 그렇다면 분명 뭔가 대책이 있었을 텐데."

2장 조금 캐주얼하게, 평소처럼 재밌게

지난 몇 년간 핼러윈 축제 때마다 많은 인파가 몰리는 것을 지켜봤기에, 그는 안일한 대처가 더욱 안타까웠다.

"상인들끼리도 '이러다 사고 한번 크게 나겠다'는 얘기가 빈번했어요. 참 안일했다는 생각이 들더라고요. 저는 참사 이후 이태원에 경찰 병력이 그렇게 많이 배치될 줄 몰랐어요. 왜 진작에 안 땡겼을까요? 그리고 제가 사랑하는 동네 이태원에서 이런 일이 발생했다는 게 너무 안타까웠죠."

참사 직후 국가애도기간이 선포되면서, 정부와 지자체에서 주관한 축제와 행사가 취소되었다. 여러 기업에서 준비한 핼러윈 관련 축제들 또한 취소되었다. 선샤인은 이 기간 이태원을 어떻게 바라봤을까?

"추모의 무게라는 게 각자 다른 거잖아요. 추모하는 방식도 그렇고요. 이태원에서 생활하는 사람들은 이 동네를 떠날 수 없어요. 이 공간을 살려야 돼요. 근데 정부나 지자체에서 추모하는 분위기로만 바꿔 버리니까 어이가 없는 거예요. 너무 일차원적으로 대처한 느낌? 참사 이후 한 달 동안 사람이 거의 없었거든요. 한 달이 뭐예요. 두세 달 가까이 이태원 완전 죽었고, 이제 장사 안 된다는 얘기가 나올 정도로 사람이 없었는데, 지역 하나를 그렇게 만들면 안 된단 말이에요. 회복할 수 있는 방법을 제시를 해 주는 게 맞아요. 이런 일이 다시 발생하지 않도록 고안해야 되는데, '사고가 안 나게 하는 방법은 사람을 몰리게 하지 말자'가 되어 버린 느낌인 거예요. 그렇게 하면 안 되잖아요."

이태원에서 만난 사람들이 가게를 정리하고 힘들어하는 모습을 지켜봤을 그가 조심스럽게 이야기를 꺼냈다.

"조금 있으면 핼러윈이잖아요. 지자체에서 준비를 잘해 줬으면 좋겠어요. 어떻게 하면 더 안전하게 할 수 있을지."

무슨 잘못을 했을까? 잘못이 없다는 걸 아는데…

선샤인은 참사 이후 더 당당하게 살고 싶어졌다. 비난을 가하는 사람들을 보며 결국 욕을 할 사람들은 욕

2장 조금 캐주얼하게, 평소처럼 재밌게

선샤인에게 이태원은 삶의 터전이자, 다양한 사람들과 어울리며 성장할 수 있는 배움터이기도 하다.

을 한다고 느꼈다. 그에게 참사 이후 이태원에서 어떻게 애도하고 어떤 감정을 느끼며 보냈는지 물었다.

"혹시 아는 얼굴이 있을까 싶어 추모공간에 방문했어요. 엄청 다양하더라고요. 나이 많으신 분부터 진짜 어린 친구들까지…. 아, 무슨 죄가 있을까, 죄가 없을 텐데. 그리고 그 옆에 보수 단체 분들도 같이 있었거든요. 이런 것까지 정치로 이용하려고 하는구나 생각하면서 되게 마음이 복잡했습니다."

그는 룸메이트들과 참사에 대한 이야기를 많이 나누었다.

"의견이 비슷한 부분이 있더라고요. 이태원이 너무 커다란 장례식장이 된 것 같다. 사실 지인의 지인이… 참사 때 안 좋게 되어서 다들 슬퍼했거든요. 근데… 참 생각이 많네요. 무슨 잘못을 했을까? 잘못이 없다는 걸 아는데…. 실감이 안 나서 멀게 느껴져요. 아, 이런 일이 왜 생겼지…. 사실, 지금은 그 슬픔이 분노로 변한 느낌."

이태원에는 그곳에 사는 사람들이 있다. 그들의 일상이 있고, 생계가 있고, 문화가 있다. 그럼 어떤 태도로 이태원을, 참사를 바라보아야 할까? 어떤 태도로 슬퍼하고, 어떤 태도로 놀아야 할까? 쉽지 않은 질문이다. 하지만 스스로 답을 찾을 필요가 있다. 선샤인은 충분히 애도할 시간을 가졌냐는 질문에, "이겨 내야 했다"고 답했다.

"이겨 내야 했어요. 이 지역에서 살아남으려면. 왜냐하면 이제 이태원을 경험하는 분들이 너무나도 많잖아요. 이렇게 재밌는 공간이 있다는 걸. 그러니까 더 괜찮다고 보여 줘야 할 것 같은 느낌인 거죠. 이런 일이 발생해도 잘 이겨 낸다고 보여 줘야 할 것 같았어요. 저희는 추모 기간과 상관없이 여기서 살아남기 위해 노력해야 했거든요. 충분히 애도했다고 생각하지만, 안타까운 마음이 남아 있는 건 어쩔 수 없는 거죠. 다음 핼러윈이 얼마 안 남았는데 어쩌면 좋을까 걱정되기도 해요. 그리고 엄숙하게 생각하기보다 조금 캐주얼하게, 평소처럼 재밌게 지내는 게 좋은 것 같아요. 마음속으로 잘 담아 두고 기억하면서요. 이태원도 충분히 재밌는 공간이라는 걸 많이 알아주셨으면 해요."

요즘 그는 참사 전과 다름없이 이태원에서 잘 놀고 있다. 그것이 그의 애도 방식일 테다. 올해 핼러윈 축제에 참여할 것인지 묻자, 그는 자신은 일하고 있을 것이라고 웃어 보였다.

"손님들이 즐거울 수 있도록 재밌게 일하고 있지 않

을까요? 앞으로도 이태원에서 재밌게 놀면서 일할
생각입니다."

이태원만의 독특한 '퀴어 퍼레이드'가 열리기를

선샤인에게 올해 핼러윈 때 열렸으면 하는 행사에
대해 물었다.

"이태원에서 퀴어 퍼레이드를 해도 재밌을 것 같아
요. 왜냐하면 상징적인 공간이니까. 그런데 왜 안
할까요? 이태원의 캐릭터로 만들 수 있을 텐데, 그
게 부끄럽다고 생각하는지 위험하다고 생각하는지
안타깝습니다."

참사가 발생한 골목 내 해밀톤 호텔의 벽면에는 희
생자들을 애도하는 메시지가 붙어 있다. 그중 일부는
비바람에 색이 바래거나 글자가 번졌고, 또 일부는 바
닥에 떨어졌다. 참사와 희생자를 기억할 수 있는 추모
공간을 마련할 필요를 느낀다. 하지만 모두의 애도 방
식이 다르듯 각자가 그리는 추모공간의 모습 또한 다를
테다.

선샤인은 희생자들의 추억이 쌓인 이태원 곳곳에 표시를 남겨, 누구든 그 자리에서 그네들을 떠올리며 추모할 수 있기를 바란다. 사진은 '10.29 기억과 안전의 길'의 어느 밤 풍경.

"어렵네요. 굉장히 어려운 질문이네요."

한참 뜸을 들이던 그에게 다시 물었다. "우리나라에서 참사가 일어나면 보통 위령탑을 세우는 방식으로 추모공간을 만들잖아요. 자유롭게 말씀해 주시면 됩니다. 어떻게 생각하면, 공원이 조성될 수도 있는 거고요. 당장 머릿속에 그려지는 상이 없으시면, 그냥 없다고 편하게 말씀해 주셔도 괜찮아요."

"(침묵) 일단은 재발 안 하는 게 제일 중요한 것 같고요. 추모의 무언가를 만든다고 하면, 피해자분들이나 그 근처에 계셨던 분들이 좋아했던 공간들 위주로 표시를 남겨도 좋을 것 같아요. 생전에 이분들이 이런 공간을 되게 좋아했고, 이런 재밌는 장소에서 너도 한번 즐겨 보라고. 너무 무거운 분위기로 가는 것보다 그렇게 하면 괜찮지 않을까요?"

그가 상상한 추모공간을 함께 상상할 수 있었다. 희생자들이 추억을 쌓았던 공간에 그들의 존재를 알려 주는 표시를 남긴다면, 다음에 누군가 거기에서 놀 때 그들의 모습을 떠올릴 수 있을 테다. 그들을 기억하며 춤추고, 웃고, 놀 수 있을 테다. 그리고 그 공간을 방문한 모두가 각자의 방식으로 애도할 것이다.

참사가 일어난 공간에서 살아 나가야 하는 사람들에게 끝없이 슬퍼하라 말할 수는 없다. 마찬가지로 애도는 일상적인 것이 되어야 한다고 생각한다. 그렇다면 이제, 이태원 참사를 어떤 방식으로 기억해야 할까? 축제를 즐기고 춤추기 위해 거리로 나왔던 그들을 어떤 방식으로 기억해야 할까?

글. 심나연, 홍다예

✳

다양한 사람들을 경험할 수
있어서 좋았어요. 제가
낯을 가려도 보듬어 주고…
자연스럽게 친해지는
분위기였던 것 같아요.
이태원에서는 조금 다른
방식으로 인간관계를
맺을 수 있었던 것 같아요.

✳

이태원 방문객 정승연

틀에 박히지 않아서 틀을 깰 수 있는 곳
도전과 일탈의 경험으로 승연씨가 발견한 신세계

정승연씨는 참사 이전의 이태원을 "제일 핫한 공간"으로 기억했다. 유난히 깊은 지하철역을 힘겹게 올라 빠져나오면, 이태원 거리 곳곳 자유롭고 활기찬 분위기가 눈에 띄었다. 여러 나라에서 온 외국인들과 개성 넘치는 패션으로 자기 자신을 표현하고 있는 사람들. 승연씨에게 이태원이란 그만큼 다양한 문화가 어우러진 곳이었다. 그 모습을 좋아했던 승연씨는 종종 친구들과 만나 이태원에서 커피 마시기를 즐겼다.

"요즘에는 루프탑같이 전경을 볼 수 있거나 잘 꾸며진 공간이 많이 생겼잖아요. 저한테는 이태원이 처음이었거든요. 시야가 탁 트여서 하늘도 보이고 풀도 많다 보니 다른 지역보다 더 선호했던 것 같아요."

이태원의 매력을 이야기하는 승연씨의 말은 대부분 과거형으로 끝났다. 아무래도 "그런 일이 있고 나서" 한동안 이태원을 찾지 않았기 때문이다. 승연씨는 최근에서야 약간의 어색함을 안고 이태원에서 다시 놀기 시작했다.

"처음에는 어디서부터 어떻게 놀아야 할지 모르겠더라고요. 그래서 가볍게 카페부터 들렀어요. 예상과 다르게 옛날 이태원 분위기가 나서 좋았어요. 그래도 경제적으로 많이 회복이 되었구나. 언론에서는 상인분들이 힘들다고 하던데 조금 안심되기도 했어요. 빨리 옛날처럼 사람들이랑 재밌게 놀 수 있었으면 좋겠다고 생각했어요."

특유의 오픈된 분위기 속에서 느낀 유대감

이제 승연씨는 일주일에 두 번 정도 이태원을 방문하고 있다. 걱정하던 것보다 주변 상권이 침체되진 않은 듯해 안도하면서도, 역시나 예전처럼 신나게 놀기는 쉽지 않다. 이태원에서 노는 동안 그 문화에 "완벽하게 젖어 들었던 것 같다"고 회상하는 승연씨. 워낙 낯을 많이 가리는 성격이지만, 사람들은 매번 그런 승연씨에게 먼저 다가와 말을 걸었다. 덕분에 승연씨도 금세 긴장을 풀고는 언제 그랬나 싶을 정도로 사람들과 쉽게 친해졌다.

"의도치 않게 친구가 되고 또다시 만나서 같이 놀았던 경우도 몇 번 있었거든요? 다양한 사람들을 경험할 수 있어서 좋았어요. 제가 낯을 가려도 보듬어주고…. 이태원에서는 조금 다른 방식으로 인간관계를 맺을 수 있었던 것 같아요. 술 마시다 갑자기 눈이 마주쳐서 '같이 노실래요?' 하더라도 그게 성별과 상관없는 것 같았어요. 뭔가 이성적으로만 다가온다고 받아들일 수 있는데 굳이 그렇게 받아들이지 않아도 되는 문화라서, 그게 저는 좋았어요."

이태원에서는 당신과 내가 함께하는 '지금 이 순간'이 가장 중요했다. 어느 펍에서든 사람들은 서로 눈을 맞추고 술잔을 부딪치며 춤을 췄지만, 신상에 관해 함부로 질문하거나 억지로 다음을 기약하지 않았다. 승연씨는 그 속에서 유대감을 느꼈다. 그 한시적인 만남을 다 같이 즐기고 나서 미련 없이 돌아가 하루를 마치는 게 오히려 깔끔해 보였다.

이태원에서는 당신과 내가
함께하는 '지금 이 순간'이
가장 중요했다. 신상에 관해
함부로 질문하거나 억지로
다음을 기약하지 않았다.

"제가 진짜 좋았던 건, 저한테 '몇 살이세요?' '어떤 일 하세요?'같이 조사하듯 묻는 게 아니라 '오늘 어디 갔다 와서 뭐 마셨어요?' 이런 식으로 가볍게 질문한다는 점이었어요. 이 사람에게 나의 배경은 중요하지 않구나. 그냥 지금 내가 좋고 마음에 드는 거구나. 그러면서 정말 다양한 대화를 나눌 수 있었어요. 만약 코드가 맞아서 좋은 관계를 이어 가고 싶으면 다음 주에도 만나서 같이 놀자고 할 수도 있고요. 연락처까지는 아니더라도 인스타그램이든 카카오톡 아이디든 물어보면서 자연스럽게 친해지는, 그런 분위기였던 것 같아요."

어쩌면 이태원이라는 지역이 가진 특수성도 영향을 미쳤을 거다. 승연씨는 그렇게 이해하고 있었다.

"이태원 특유의 이국적인 분위기가 있잖아요. 그래서 사람들도 외국에서처럼 오픈 마인드를 가져야 한다고 생각하는 것 같아요. 우리나라에서는 어딜 가든 나이나 직업을 기본적으로 묻는데, 여기서는 그렇게 물으면 좀 쿨하지 못하다는 인식이 조금씩 있는 것 같아요. 물론 사람 성향 따라 다르겠지만요."

괜찮은 것 같은데? 당당해질 수 있겠는데?

승연씨는 이태원이 "틀에 박히지 않아서" 좋았다. 그만큼 승연씨 내면의 틀 또한 이태원에서 하나씩 깨졌는데, 몇 해 전 친구의 권유로 처음 참여했던 핼러윈 축제도 승연씨에게 그런 기회가 되었다. 반드시 코스튬을 해야 하는 줄 알았던 승연씨는 한 달 전부터 소품 준비로 분주했다. 그러고는 마치 신세계를 발견한 듯한 기분으로 핼러윈 축제를 즐겼다. 얼마나 재밌었는지 이후 주변 사람들에게도 그 매력을 실컷 전파했다. 그날의 기억은 여전히 생생하다.

"그때는 패기가 넘쳤던 것 같아요. 싱크로율도 최대한 맞춰야 한다고 생각했어요. 이상한 나라 앨리스의 모자장수로 분장했는데 집 밖에 나오니까 너무 창피한 거예요. 사람들이 '저 사람 뭐지?' 하고 다 쳐다볼 텐데…. 그런데 이태원에 가까워질수록 코스튬 하신 분들을 많이 만나면서 저도 모르게 자신감이 솟아나더라고요. 어? 괜찮은 것 같은데? 당당해질 수 있겠는데? 이태원 도착해서는 정말 거리낌 없이 활보하고 다녔던 것 같아요."

이태원 특유의 이국적인 분위기, 오픈된 마인드에 시나브로 젖어 들면서 승연씨는
내면의 틀을 조금씩 깰 수 있었다.

코스튬은 승연씨에게 도전이자 일탈이었고, 그런 경험을 통해 승연씨는 스스로 훨씬 자유로워진 듯했다.

"아까 말씀드렸듯이 제가 낯을 가리는 성격인데, 이렇게 코스튬을 하고 나니까 조금 더 자신 있게 사람들에게 다가갈 수 있었어요. 제가 누군지 다 모를 테니까요. 나중에는 '같이 사진 찍으실래요?' '오늘 너무 예쁘게 하고 오셨어요. 누구 코스튬 한 거 맞죠?' 같은 말을 제가 먼저 하고 있더라고요. 그러면서 '나도 열린 마음으로 누구한테 다가갈 수 있구나' 하고 틀을 깰 수 있어서 좋았어요. 만약 코스튬을 하지 않았다면, 그만큼 못 즐겼을 것 같아요."

누군가는 가슴을 쓸어내렸지만
누군가는 끝내 가슴을 쳐야 했다

2022년 핼러윈 당일 승연씨는 이태원에 가지 않았다. 코스튬을 했던 그 시절에 비해 나이가 들어 부담스러웠던 한편 코로나 이후 몇 년 만에 열리는 축제였기 때문에 인파가 몰릴 거라고 예상했다. 대신 친구들과 조용히 동네에서 시간을 보내기로 미리 정했다. 밥을 먹고 술을 마시고, 그다음 노래방으로 함께 이동했다.

"노래방이라는 공간이 그렇잖아요. 휴대전화를 계속 보고 있을 수도 없고, 벨소리나 진동을 느끼기도 힘들고. 그러다 친구 한 명이 소식을 알게 되었어요. 부재중 전화가 남아 있길래 무슨 일 있나 카톡을 열었더니 이태원 상황이라고 메시지가 와 있더래요. 그 사진 몇 장을 보았는데, 뭔가 큰일 났다는 걸 즉각적으로 느낄 수 있을 만큼 충격적인 사진이었어요. '야, 이거 어떻게 된 거지? 어떻게 된 거지? 다들 휴대전화 봐봐' 하면서, 아니나 다를까 전부 연락이 와 있던 거예요. 주변 친구들이라든지 엄마, 아빠라든지. 상황을 빨리 알 수 있을 것 같아서 인스타그램에 들어가 봤더니 문제가 점점 커지고 있는 느낌이었어요. 그래서 저랑 친구들은 먼저 집에 연락을 취하고 그랬던 것 같아요. 뭔가 잘못된 것 같으니까 일단 연락하고 나서 다시 생각해 보자고, 우리가 어떻게 해야 될지."

그날 새벽, 사람들은 서로의 안부를 물었다. 승연씨도 적지 않은 연락을 받았다. 승연씨가 이태원에 자주 가는 걸 아는 지인들이었다. 행여나 이태원에 가 있을까 봐 애타는 마음이지 않았을까. 그렇게 누군가는 가습을 쓸어내렸지만 누군가는 끝내 가슴을 쳐야 했다. 승연씨의 머릿속에는 의문이 가득했다.

"제가 본 사진들이 다 여성분들 사진이어서 처음에는 클럽 같은 데서 안 좋은 일을 당한 줄 알았어요. 애초에 길 한복판에서 그런 일이 일어났다고 상상할 수 없었는데 나중에 뉴스 보니까 남녀노소 할 거 없이 당한 사고더라고요. 되게 복잡했어요. 내가 갔을 때는 이러지 않았는데…. 사람이 너무 많아서 이렇다고? 단지 사람이 많아서? 저도 경험을 해 봐서 대충 알잖아요. 그런데 그때랑 느낌이 달라서 뭐가 어디서부터 잘못됐을까, 그런 생각이 들었어요."

이태원에 놀러 온 그 마음을 잘 알 것 같았는지, 승연씨는 내내 안타까움을 표했다. 참사 이후 희생자들에게 쏟아진 비난에 대해서도 도무지 이해할 수 없다는 반응이었다.

"너무 안타까웠어요. 대체로 어린 친구들이잖아요. 놀고 싶은 마음에서 왔을 텐데, 그냥 그날 하루 놀려고 왔을 텐데. 그런 생각을 하면 너무 안타깝더라

"마음이 미어져요,
안타까운 게 너무 커서.
뭔가 힘이 되어 주지
못하더라도 마음을
가질 수 있잖아요."

이태원 참사가 일어난 골목에 설치된 '10.29 기억과 안전의 길' 조형물.

고요. 노는 게 뭐라고 여기 와서 그랬을까. 진짜 너무 안타까웠어요. 솔직히 왜 비난하는지 잘 모르겠어요. 그냥 놀려고 왔던 거잖아요. 나쁜 짓을 한 게 아니잖아요. 그리고 코로나 때문에 얼마나 못 놀았겠어요. 저는 사람들이 많이 참았다고 생각하거든요. 그래서 그날 그렇게 많은 인원이 모였다고 생각하고요."

이태원이 괜찮은지 먼저 물어보는 친구들

비난 이면에는 이태원을 향한 곱지 않은 시선들이 존재했다. "코로나 끝난 지 얼마나 되었다고 거기까지 가서 노냐" "거기가 얼마나 위험한 줄도 모르고 갔냐." 승연씨가 한동안 이태원을 찾지 않은 까닭도 비슷하다. 참사가 발생한 지 얼마나 되었다고 이태원에 가냐고 할까 봐 눈치가 보였다. 다시 이태원을 찾는 데에는 그런 부담이 따랐다.

"온다고 하더라도 조금 떨어진 해방촌이나 경리단길 쪽으로 갔어요. 많이 나아졌다는 말을 듣고 오랜만에 이태원에 왔을 때는 사람들이 많아서 이 정도면 금방 회복되겠다 싶었어요. 그런데 사회적인 시선들이 아직 남아 있는 것 같아요. 예를 들어, 친구들한테 오늘 이태원에서 약속 있다고 하면 이태원 괜찮은지 먼저 물어보는 거예요. 이태원에 가면 안 되는 거 아닌데. 아마 걱정도 있을 테고, 상권 다 죽은 거 아니냐는 뜻도 있을 테고요."

이태원은 참사 이전으로 돌아갈 수 없다. 승연씨 역시 그 어쩔 수 없음을 이야기했다. 그래도 상권이 점점 살아나고 있는 것 같다며 친구들과 나누던 이야기도 매번 비슷하게 이어졌다. "애들 정말 안타까워…" "애들 어린데, 놀러 온 건데…." 승연씨는 이태원 일대를 지날 때마다 자신도 모르게 참사가 발생했던 골목을 한 번씩 들여다보았다.

"저는 그런 식으로 애도하는 것 같아요. 저만의 방법이 그런 것 같아요. 잘 모르겠지만… 슬프긴 한데, 눈물까지 나진 않거든요. 그래도 마음이 미어져요, 안타까운 게 너무 커서. 뭔가 힘이 되어 주지 못하더라도, 마음을 가질 수 있잖아요. 그래서 그런 식으로 표현했던 것 같아요. 쓸쓸했어요. 다들 놀고 싶어서 왔을 텐데, 즐기려고 했을 텐데, 사회가 지켜 줄 줄

"이태원이 다시 자유로운 모습으로 활기를
찾기를 바라요. 여기만의 색깔이니까
잃지 않았으면 좋겠어요."

알았을 텐데 그러지 못했다는 느낌이 들어요. 저는 그랬어요. 여러모로 너무 안타깝더라고요."

여기만의 색깔 잃지 않고 다 같이 잘됐으면

참사 이후 정부에서는 국가애도기간을 선포하기도 했다. 승연씨는 이에 대해 "괜찮았던 것 같다"라고 평했다. 물론 그에 앞서 "잊으라는 건 아닌데"라고 전제했다. 이태원에서 놀던 기억이 너무 좋았던 만큼 승연씨는 언제 다시 이태원에서 그렇게 재밌게 놀 수 있을지 생각하고 있었다. 아마 그 마음의 전제 역시 다르지 않을 거다.

"이태원이 다시 자유로운 모습으로 활기를 찾기를 바라요. 물론 슬픈 사건이긴 하지만, 이태원에 간다고 하면 그냥 가볍게 "그래, 재밌게 놀다 와" 할 수 있었으면 좋겠어요. 젊은 사람들이 다 같이 어우러져서 노는 문화, 정말 좋은 것 같아요. 여기만의 색깔이니까 잃지 않았으면 좋겠어요. 그게 슬퍼하는 식으로 되는 건 아니잖아요. 다른 방법으로 이겨 나갈 수도 있는 부분인데, 애도만 한다고 해서 사람들이 결국에는 찾아 줄까요? 저는 그렇게 생각이 들어요. 슬픈 건 슬픈 거고, 기쁘게 할 수 있는 건 기쁘게 할 수 있는 방법을 찾으면 좋을 것 같아요."

승연씨는 사람들의 인식 변화가 필요하다고 생각한다. 또한 그러기 위해 사회 환경이 바뀌어야 하고, 참사의 원인이 해결되어야 한다고 생각한다. 그렇지 않고서 시간이 해결해 주기만을 바라는 건 승연씨 기준에서 안일한 판단이다. 근본적인 문제가 없어지지 않는 한 같은 일은 언제든 반복되기 마련이다.

"이렇게 오래 끌 문제는 아니었던 것 같아요. 차라리 사과할 거 빨리 사과하고 받아들일 거 빨리 받아들이고 해결할 거 빨리 해결하고 회복하는 데 힘을 썼더라면… 지금이라도 빨리 해야 한다고 생각해요. 결국에는 큰 틀이 먼저 바뀌지 않는 이상 사람들 인식도 안 바뀔 거라고 생각이 들더라고요. 그게 모두를 위한 길 아닐까요?"

"사람들이 많은 이야기를 들어 줬으면 좋겠어요"

그렇다면, 승연씨는 그런 변화에 대해 얼마나 체감하고 있을까. 안타깝게도 별로 느끼지 못하고 있는 듯했다.

"제도에 대한 변화는 크게 없는 것 같아요. 물론 작은 변화는 있었겠죠. 그런데 과연 시민들이 그걸 직접 체감할 정도로 받아들이고 있는지는 의문이에요. 그리고 이태원 상인분들이나 주민분들도 많이 노력하고 있다고 들었지만, 정작 여기 놀러 오는 입장에서는 잘 모르는 것 같아요. 크게 힘이 닿지 않는 느낌이에요. 상권 안에서도 뭔가 같이 살아 나가는 느낌은 들지 않아요. 잘되는 곳만 잘되는 느낌이 있어요. 좀 더 다 같이 윈윈할 수 있으면 좋을 것 같아요. 용산구에서도 노력해야 할 것 같고요."

한편 승연씨는 모든 질문에 조심스럽고 신중하게 말을 꺼냈다. "제가 생각했을 때는…." 승연씨가 바라본 사회는 둘로 나뉘는 것 같았다. 유가족의 슬픔과 누군가의 생활은 왠지 쉽게 대립된 것으로 여겨졌다. 그렇게 의견이 갈리는 가운데 그 중간 입장을 밝히기란 너무 어려울 수밖에 없었다. 승연씨는 그 사이 어딘가에서 왔다 갔다 하고 있었고, 처음 인터뷰를 수락하면서도 과연 자신이 어떤 면에서 도움이 될지 고민이라고 밝혔다. 그럼에도 승연씨가 나누고 싶었던 이야기는 무엇이었을까. 마지막으로 하고 싶은 말이 있는지 묻자 돌아온 승연씨의 답에서 그간의 고충이 묻어났다.

"이야기를 하다 보니까 너무 한 사람 입장에 치우치지 않았나 걱정이 조금 들어요. 물론 사람마다 생각이 다르겠지만, 저는 이번 인터뷰를 계기로 사람들이 많은… 많은 이야기를 들어 줬으면 좋겠어요. 최대한 솔직하게 이야기한 거니까 좀 잘 들어 주면 좋을 것 같아요. 여기까지입니다."

글. 심나연, 홍다예

인터뷰어 심나연, 홍다예를 만나다

✳

비슷한 나이대 사람들을 만나
친해지고 싶었어요. 어떤 이유로
참사에 대해 마음을 쓰게 되었는지
나눌 때 다들 정말 다양한 배경에서
관심을 가지는구나, 다행이다 싶었죠.

심나연

이태원에서, 펍에서 논다는
이야기를 자유롭게 말하기 어렵잖아요.
모르는 사람들이랑 노는 거,
술 마시는 거, 그리고 이야기
나누는 거. 그런 것들의 즐거움을
잘 전하고 싶어요.

홍다예

✳

모든 과정을 함께했기에 가능했던 인터뷰
디자이너 나연씨와 다큐멘터리 감독 다예씨, 같은 세대로 공유하는 감각

나연씨와 다예씨는 한 팀을 이루어 역할을 분담했다. 인터뷰이를 만나면 나연씨가 질문을 던지고 다예씨가 그 옆에서 카메라를 잡았다. 두 사람은 다큐멘터리 영상 제작을 염두에 두고 기획을 시작했다. 저녁쯤 만나 의견을 나누다 보면 매번 시간은 자정을 훌쩍 넘겼다. 촬영을 위해 이태원을 방문하는 일도 많았다. 그렇게 하나부터 열까지 모든 과정을 함께한 두 사람은 서로에게 좋은 친구가 되었다. 그 우정은 현재 진행형이다.

심나연 비슷한 나이대 사람들을 만나 친해지고 싶었어요. 어떤 이유로 참사에 대해 마음을 쓰게 되었는지 나눌 때 다들 정말 다양한 배경에서 관심을 가지는구나, 다행이다 싶었죠. 워크숍 날에는 이미 다예님을 점찍어 놨어요. 그리고 인터뷰를 어떻게 진행할지 꽤 오래 이야기했어요. 각자 제시하는 방향이 다를 때도 있어서 맞춰야 했거든요. 사실 이렇게 일하는 게 익숙하지 않았어요. 다예님이랑 같이 안 했으면 어려웠을 것 같아요.

두 사람이 이끈 인터뷰는 편안한 분위기에서 이루어졌다. 친구와 수다 떨듯 친근했고 그만큼 솔직한 이야기를 들을 수 있었다. 같은 세대라서 공유하는 감각이 있었을까. 나연씨와 다예씨는 두 인터뷰이에 대한 책임감도 강하게 느꼈다. 결과물이 나오면 누구에게 보여 주고 싶은지 묻자, 두 사람은 한 치의 망설임 없이 지목했다. "선샤인님, 승연님." 당신들 덕분에 완성할 수 있었다고. 기꺼이 이야기를 들려준 이들에게 먼저 소식을 알리고 싶었다.

홍다예 아무래도 저희가 젊은 여성이고, 비슷하게 놀았을 거라 생각했을 것 같아요. 이태원에서, 펍에서 논다는 이야기를 자유롭게 말하기 어렵잖아요. 특히 모르는 사람들이랑 술집에서 놀았다고 하면 부정적으로 판단하는 사람도 많은데, 좋았던 기억으로 말해 줬어요. 그 분위기를 잘 전하고 싶어요. 이태원에서 모르는 사람들이랑 노는 거, 술 마시는 거, 그리고 이야기 나누는 거. 그런 것들의 즐거움을 잘 전하고 싶어요.

언제나 그랬듯 새로이 발견되는 의미와 연결

인터뷰에 앞서 나연씨와 다예씨는 소품을 준비했다. 다가오는 핼러윈을 맞아 인터뷰이 각자가 종이 가면을 만드는 장면을 담고 싶었다. 하지만 상황이 여의치 않아, 선샤인씨가 조립한 가면을 승연씨가 건네받아 꾸미는 식으로 대체했다. 처음 의도와 다소 달라졌지만 언제나 그랬듯 의미는 새로 발견되었다. 퀴어 아티스트로서 이태원에서 드랙퀸 공연을 선보이는 선샤인씨와 이태원을 즐겨 찾으며 그 문화를 만끽하는 승연씨. 두 사람의 연결이 그려졌다.

심나연 저는 두 분이 서로 만날 일이 없는 분들이라 생각했거든요. 그런데 겹치는 이야기가 많더라고요. 내가 어떤 사람인지 신경 안 쓰고 그날 하루 친구가 되는 경험을 둘 다 했다는 게 재미있었어요. 그리고 이태원에서 놀다 보면 마인드 셋이 달라진다는 이야기도요. 저도 이쪽에서 일하고 살면서 성격이 되게 많이 변했거든요. 새로운 사람 만나는 걸 별로 안 좋아했는데, 이제 새로운 사람도 많이 만나고⋯.

나연씨와 다예씨는 이태원의 놀이 문화에 주목했다. 그중에서도 청소년들의 이야기가 궁금해 섭외에 공을 들이기도 했다. 술집이나 클럽에 출입이 어려운 청소년들은 과연 이태원을 어떻게 경험하고 있을까. 인근 학교에 공문을 보내고 직접 방문해 협조를 구해도 보았지만, 아쉽게도 인터뷰이를 찾는 데 실패했다. 청소년 시절, 이태원을 선망하며 퀴어 친구들과 핼러윈 축제를 즐겼다는 선샤인씨의 이야기만이 단서로 남았다.

홍다예 항상 궁금했어요. 제가 홍대 근처에 살거든요. 여기는 다 돈 쓰는 곳인데 청소년들은 어디서 놀까? 옷은 어디 가서 살까? 뭐하고 놀까? 놀이터라고 해 봤자 어른들이 취해서 돌아다니기만 하는데. 길을 걸을 때마다 초중고 학생들이 보이는 거예요. 저 친구들은 나랑 되게 다른 세상을 살겠구나. 처음 기록단에 지원할 때도 청소년 관련 작업을 하고 싶었어요. 청소년 미디어 교육을 오래

하기도 했고, 고등학교 기숙사 사감 일을 한 적도 있고요.

누군가 먼저 이야기 꺼내기만을

나연씨의 경우 얼마 전까지 이태원의 한 식당에서 디자이너로 근무했다. 사무실에서는 겨우내 녹사평역 인근 광장에 설치되었던 합동 분향소가 내려다보였다. 참사 이후 일대에 온갖 현수막이 걸렸고, 나연씨의 지인은 그 광경을 '기사 댓글창'에 비유하기도 했다. 그토록 날이 선 말들을 마주했던 나연씨. 구청과 경찰서에 민원을 넣기도 했지만 무력한 답변만 돌아왔다. 그런데 한편으로는 아무도 참사에 대해 언급하지 않는 게 이상하고 괴로웠다. 그 무렵 수강하던 시 수업에 겨우 글을 써 가자, 뜻밖의 응답이 돌아왔다. 다들 누군가 먼저 이야기 꺼내기만을 기다리고 있었다.

심나연 개인적인 이야기를 듣는다는 게 기록단의 제일 큰 의미인 것 같아요. 왜냐하면… 사실 그 지역에 사는 사람들이랑 노는 사람들의 이야기를 적극적으로 들어 보려는 시도가 이전에 있었나 싶어요. 그리고 참사에 대해 당사자성을 갖지 않는 분

나연씨, 다예씨 두 사람이 이끈 인터뷰는 친구와 수다 떨듯 친근했고 그만큼 선샤인씨(정면에 보이는 이)의 솔직한 이야기를 끌어낼 수 있었다.

나연씨, 다예씨가 핼러윈을 앞두고 준비한 소품으로 인터뷰 사이사이 선샤인씨가 종이 가면을 조립했다. 이 가면은 다음 인터뷰이인 승연씨가 이어받았다.

들과 이야기 나눌 수 있어 좋았어요. 목소리 내는 걸 꺼릴 수 있잖아요. '내가 무슨 자격이 있어서'라고 생각할 수 있는데, 그런 걸 걷어 내고 각자 느낀 대로 이야기하는 기회를 마련했다는 게 중요하다고 생각해요.

나연씨 또한 그동안 느낀 참사를 생각할 때마다 느끼던 혼란을 조금이나마 매듭지을 수 있었다. 다른 사람들도 자신과 비슷하다는 걸 아는 것만으로도 도움이 되었다. 한편 다예씨의 경우 이태원과 다소 인연이 깊지 않다. 그럼에도 세월호 참사부터 이태원 참사까지 모두 또래 사람들에게 일어난 일이기 때문에 공감할 수밖에 없었다. 대학 시절 겪은 학내 미투 시위가 떠오르기도 했다. 피해자 곁에서 함께하는 움직임이 얼마나 중요하던지. 이태원 기록단 활동은 두 사람에게 그렇게 남았다.

홍다예 선샤인님은 소수자 정체성을 지니고 이야기하는 느낌이었다면, 승연님은 이태원에서 놀던 사람으로서 이야기하는 느낌이었어요. 이태원 참사와 관련해서 다양한 주제로 이야기를 들을 수 있다

2장 조금 캐주얼하게, 평소처럼 재밌게

선샤인씨가 완성한 종이 가면을 승연씨가 건네받아 꾸몄다. 이태원을 찾는 방문객과 퀴어 아티스트의 이야기는 핼러윈 코스튬을 매개로 자연스레 연결되었다.

는 데 의미를 많이 두었던 것 같아요. 물론 유가족 분들이 발언권을 크게 가져야 하는 게 맞지만, 사실 오히려 더 부담스러울 수도 있잖아요. 그럴수록 같이 연대하는 목소리가 이렇게 많아야 하지 않나 생각해요.

글. 이상민

*

스무 살 때 처음 이태원 클럽을
방문했는데 새로운 충격을 느꼈어요.
멋진 DJ의 모습들, 음악에 맞춰서
노는 다양한 사람들의 에너지에
매료되었죠. 그 후로 DJ 활동도
시작하게 되었고 지금까지 이태원을
베이스로 활동하고 있어요.

*

클럽 DJ H

*

이태원은 사람들과 오픈 마인드로
교류할 수 있는 곳 같아요.
다양한 문화가 유입되는 곳이라
열려 있고 자유로워요. 핼러윈
축제에서는 어떤 모습으로 있더라도
상관없어요. 그래서 모두가
행복한 축제라고 생각해요.
자신의 정체성을 맘껏
드러낼 수 있는 해방구 같아요.

*

클럽 DJ SEESEA

노래하는 사람은 노래로, 춤추는 사람은 춤으로

클럽 DJ H와 SEESEA, 우리가 음악을 멈출 수 없는 이유

이태원을 한 단어로 소개하자면 '다양성'일 것이다. 이태원은 다양한 사람과 음악 장르가 모여 특색 있는 클럽 문화가 만들어진 곳이다. 특히 언더그라운드 문화와 서브컬처를 기반으로 한 클럽을 많이 찾아볼 수 있다. 클럽 DJ로 활동하고 있는 H씨에게도 이태원은 음악 활동의 시초가 된 곳이었다.

H 스무 살 때 처음 이태원 클럽을 방문했는데, 새로운 충격을 느꼈어요. 멋진 DJ의 모습들, DJ의 음악에 맞춰서 노는 다양한 사람들의 에너지에 매료되었죠. 그 후로 DJ 활동도 시작하게 되었고, 지금까지 이태원을 베이스로 활동하고 있어요. 이태원만큼 음악적인 다양성과 깊이를 보장하는 곳은 없다고 봐요.

이태원은 새로운 사람을 자유롭게 만날 수 있는 곳이기도 하다. 한국을 방문한 외국인들이 가장 먼저 터를 잡는 곳은 이태원이다. 그만큼 이태원에서는 다양한 나라와 문화를 접할 수 있다. 이곳에서는 '다름'이 흠이 되지 않는다. 모두가 서로 다르기 때문이다. 열린 마음으로 타인을 맞이하는 곳이기에, 환대에 목마른 사람들이 이태원에 모이곤 한다. 클럽 DJ SEESEA씨에게도 이태원은 그런 곳이었다.

SEESEA 이태원은 사람들과 오픈 마인드로 교류할 수 있는 곳 같아요. 다양한 문화가 유입되는 곳이라 열려 있고 자유로워요. 우리 사회는 자신의 다양한 모습을 숨기며 살아가는 경향이 있죠. 헬러윈 축제에서는 어떤 모습으로 있더라도 상관없어요. 그래서 모두가 행복한 축제라고 생각해요. 자신의 정체성을 맘껏 드러낼 수 있는 해방구 같아요.

연결과 환대가 오가는 축제의 장에서…

이태원 헬러윈 축제에서는 남들의 시선에 억눌려 살아가던 사람들, 자신의 정체성을 마음껏 드러내고 싶은 사람들, 모두가 한데 어울려 서로를 반긴다. 핼러윈 축제가 아니었다면 낯선 이에게 눈을 맞추고 웃으며 말을 건네는 일은 상상할 수 없었을 것이다. 그렇게 이태원 핼러윈 축제는 연결과 환대가 오가는 축제의 장으로 자리 잡았다.

2022년 10월 29일, 그날도 사람들은 어김없이 핼러윈을 즐기기 위해 이태원에 모였다. 길었던 코로나 격리 이후 처음으로 맞는 축제였다. 이태원 상인, 클럽 DJ, 이벤트 기획자들은 너나 할 것 없이 기대감에 가득 차 있었다. SEESEA씨도 홍대에서 핼러윈 축제 준비로 분주한 하루를 보내고 있었다.

SEESEA 코로나 이후에 맞는 첫 번째 핼러윈이었기 때문에 엄청 기대하고 있었어요. 코스튬 만드는 데 엄청난 공을 들이고, 파티 일정도 두 개나 잡혀 있어서 정신없던 한 주였어요.

H씨도 처음으로 코스튬 복장으로 이태원을 찾았다. 동묘 시장을 돌아다니며 골라 입은 복장이었다. 참사가 일어나기 전까지만 해도 그는 SNS에 핼러윈 축제를 기록해야겠다고 생각하며 즐겁게 축제를 즐기고 있

었다. 그러나 몇 시간 후, H씨의 사진첩에 남아 있는 사진들은 끔찍한 참사의 잔상으로 변했다.

H 갑자기 소방차 한 대가 쓱 지나가는 거예요. 어디서 불이 났나 하고 있는데 그 이후에도 소방차 서너 대가 지나갔어요. 그때까지 휴대폰 전파가 안 터졌거든요. 사람이 워낙 많이 모였으니까요. 그래서 무슨 일이 일어났는지 전혀 몰랐죠. 그냥 불이 좀 크게 났나 보다고 생각했어요. 일반적으로 사람이 아무리 많아도 압사 사고가 일어날 거라고는 생각하지 못하니까요. 저는 12시쯤 간신히 인파를 빠져나왔어요. 슬슬 전파가 잡히니까 뉴스 속보도 뜨고… 가족과 지인들로부터 계속 연락이 왔어요. 휴대폰을 봤는데 사람들이 깔려서 심정지가 왔다는 이야기들이 계속 들렸어요. 그 뒤로는 기억이 잘 안 나요. 그냥 집에 빨리 가고 싶었어요. 근데 경찰이 교통 통제를 하고 있어서, 돌아갈 방법도 없고 꼼짝없이 갇혀 있었어요. 계속 앰뷸런스 사이렌 소리가 들리고…. 원래 제가 공황장애가 있었는데 완치된 지 몇 년 지났거든요. 근데 다시 공황이 오더라고요. 제 기억으로는 새벽 세 시 반까지 이태원에 묶여 있었어요. 그러다가 서빙고역까지 걸

참사 이후에도 충격은 쉽사리
사라지지 않았다. 뉴스에서는 매일
다른 소식을 전했고, 사람들은 아무 일도
없었다는 듯이 삶을 살아갔다. 그 후로도
크고 작은 재난들이 반복되었다.

어가서 간신히 택시를 잡았어요. 집에 돌아와서 잠을
자려고 했는데, 잠은 안 오고….

　　사람이 많이 몰린 탓에 이태원에서는 휴대폰 전파
가 터지지 않았다. 이 때문에 이태원 현장에 있던 사람
들은 참사 소식을 한참 뒤에야 알 수 있었다. 소식을 전
해 들은 뒤 피해자들은 패닉에 빠졌다. 축제가 한창인
이곳에서 사람이 죽어 가고 있다고 상상조차 할 수 없
었다. 뉴스에서는 사망자의 숫자를 실시간으로 보도했
다. 한 자리였던 숫자는 시간이 지날수록 무서운 속도
로 늘어났다. 유례없이 큰 숫자였다.

H 말도 안 되는 일이라고 생각했어요. 어떻게 이런 일
　이 일어나지? 소식을 접하고 나서도 계속 부정했어
　요. 당시에 언론이 보도 윤리를 지키지 않고 희생자
　들의 사진을 공개했잖아요. 저도 그 사진들을 어쩔
　수 없이 보게 됐거든요. 그 거리, 그러니까 시신이 있
　던 거리가 제가 맨날 취하면 케밥을 먹던 곳이었어
　요. 케밥 먹고, 그 위에 있는 식당에서 해장하고 피시
　방에서 밤새우면서 첫차 기다리는… 그런 곳이었죠.
　일상이었던 곳에 죽음이 도사리고 있다는 게 체감되

니까 많이 힘들었어요.

"다 괜찮아졌는데… 그것만 남아 있네요"

당시 이태원이 아닌 다른 지역에 있던 SEESEA씨에게도 참사 소식은 견디기 어려운 충격으로 다가왔다.

SEESEA 그때 당시 어떤 기분이었고 무슨 생각을 했는지 기억이 나지 않아요. 다 지워진 느낌이랄까요. 저는 그때 홍대에서 플레이(클럽 파티에서 DJ가 음악을 트는 행위)를 하던 중이었어요. 그런데 친구들과 지인들에게 전화가 자꾸 오는 거예요. 이상하다 싶었습니다. 제 차례가 끝나고 쉬는 시간에 참사 소식을 알게 되었어요. 다들 제가 이태원에 있는 줄 알고 전화한 것이었어요. 밖을 내다보니 홍대 앞길에도 많은 사람이 빽빽하게 채워져 있었어요. 사망자의 숫자가 늘어나는 것을 뉴스로 지켜보고, 현실 감각이 돌아오면서 무서운 생각이 많이 들었습니다. 그래서 더 이상 파티를 즐기지 못하고 집에 돌아왔어요.

참사 이후에도 충격은 쉽사리 사라지지 않았다.

"그때 당시 어떤 기분이었고 무슨 생각을 했는지
기억이 나지 않아요. 다 지워진 느낌이랄까요."

SEESEA씨에게 이태원 참사는 큰 트라우마로 남았다. 참사 이후 별다른 조치나 개선 없이 잠잠했다는 사실도 트라우마를 악화시켰다. 뉴스에서는 매일 다른 소식을 전했고, 사람들은 아무 일도 없었다는 듯이 삶을 살아 갔다. 그 후로도 크고 작은 재난들이 반복되었다. 그러 나 달라지는 것은 없었다. 사회에 대한 불신은 정신적 인 불안으로 이어졌다.

SEESEA 정신적인 불안감이 너무 높아졌었어요. 트라우 마가 계속되어서 정신과에 가서 울며불며 상담 하고 약을 먹기 시작했어요. DJ 일을 다시 시작 하기가 한동안은 쉽지 않았습니다.

당시 참사 현장 주변에 있던 H씨에게도 이태원 참 사는 지울 수 없는 기억으로 남았다.

H 한동안은 앰뷸런스 소리만 들으면 패닉이 왔어요. 몸 이 떨리고 움직이기 어렵고…. 당시에 이태원 참사 피해자를 대상으로 무료 상담을 해 줬던 걸로 기억해 요. 저도 두 차례 정도 심리 상담을 받았어요. 지금은 많이 괜찮아졌죠. 다만 아직도 이태원역 1번 출구를

못 가요. 정확하게 이야기하면, 참사를 추모하는 포스트잇이 붙어 있는 그 골목을 못 봐요. 참사 이후에 한 번도 그곳에 발을 디뎌 본 적 없어요. 다 괜찮아졌는데… 그것만 남아 있네요.

잘 버텨 주기를, 사람들이 다시 돌아오기를

참사 이후 이태원에는 짙은 안개가 깔린 것처럼 무거운 분위기가 맴돌았다. 이태원을 찾는 사람은 눈에 띄게 줄었다. 상인들은 가게 문을 여는 것조차 주저했다. 클럽들도 마찬가지였다. 애도기간 중 문을 굳게 닫은 클럽들을 쉽게 찾아볼 수 있었다.

H 체감상 확실히 사람들이 많이 없었어요. 그 겨울이 되게 추웠었어요. 여러 클럽이 문을 닫고, 오랜 기간 쉬었다가 돌아오는 클럽도 있었어요. 코로나에 비극적인 사건까지 일어나면서 여러모로 힘든 분들이 많았을 거예요. 저도 그게 참 걱정이었어요. 잘 버텨 주기를, 어서 빨리 날이 따뜻해지고 사람들이 다시 돌아오기를 바라는 마음이 컸어요. 그래도 지금은 회복세에 접어들고 있기는 해요.

참사 이후 희생자들을 비난하는 여론도 있었다. 클럽 문화에 대한 부정적인 인식, 이태원 지역에 대한 편견에서 시작된 말들이 대부분이었다. 이태원 지역과 클럽 문화에 대한 애정이 깊었던 H씨에게 이런 말들은 크나큰 상처로 다가왔다.

H 당시 이태원을 빠져나와서 집으로 돌아오는 택시에서 기사님이 그러시더라고요. '그러게, 뭐 하러 사람 많은 곳에 놀러 가서 이렇게 불쌍하게 죽냐'라고요. 그래서 '기사님, 저희 마음이 너무 힘든데 그냥 아무 말씀 없이 갈 수 있을까요?'라고 말하고 갔어요. 그때는 그분이 밉기도 했죠. 지금 돌아보면 그분이 나쁜 사람이라서라기보다는 상황을 잘 모르셨으니까 그렇게 이야기하신 것 같아요. 차 안에서 라디오로만 참사 소식을 들으셨을 거 아니에요. 저희는 참사를 경험한 사람이고요.
이후로 온라인 커뮤니티에서 희생자를 비난하는 글을 많이 봤고, 화도 많이 났어요. 너무 분노에 차서 오히려 절망스러웠죠. 어느 순간부터 보고 싶지 않아졌어요. 댓글 창 들어가는 게 무서웠고 다 두려웠어요. 내가 사랑하는 이태원이라는 공간과 그곳에 순수

하게 놀러 온 사람들에 대한 비난을 보고 있기가 힘들었어요. 저는 세월호 세대거든요. 고등학교 2학년 때, 정확히 제가 수학여행을 다녀온 다음 주에 세월호 사건이 일어났어요. 그때 느꼈던 절망감과 무기력이 다시 찾아왔었어요. 이루 말할 수 없는 종류의 슬픔이 꽤 오랫동안 남았던 것 같아요.

편견은 혐오로 이어졌다. 고요하던 이태원 거리를 혐오의 말이 채우기 시작했다. 피해자들을 향한 비난 섞인 발언에, 분노에 차올랐던 기억이 SEESEA씨에게 생생하다.

SEESEA 기회가 닿을 때마다 이태원역에서 추모했어요. 당시 조용히 추모 의식 중이었는데, 해밀톤 호텔 앞쪽에 어떤 종교 세력분들이 앰프와 마이크를 가져와 '외세 종교의 미신을 믿어서 그렇게 된 거다'라고 이야기하는 것을 들었어요. 저와 몇몇 분들이 분노를 참지 못하고 당장 사라지라고 윽박질렀던 기억이 나요.

H씨도 혐오 발언을 담은 현수막을 기억하고 있었다.

참사 뒤 1년 넘도록 바라볼 수 없던 그곳, 이제 H씨는 이태원역 1번 출구 앞에 단단하게 서 있을 수 있다.

H 제일 무서운 건 올해 핼러윈 축제 때 혐오 발언을 내뱉는 현수막이 다시 걸리는 일이에요. 분향소가 차려졌을 때, 극단적인 정치 성향의 사람들이 유튜브를 많이 찍기도 했죠. 피해자들은 놀다가 죽었는데 보상금이 말도 안 되게 많다는 비난도 있었고요. 그런 나쁜 말들이 반복되지 않기를 바라고 있어요.

'파티도 추모의 방식이 될 수 있다'

참사 이후, 이태원에서 활동하던 클럽 DJ들은 참사

를 기억하기 위해 '이태원 스트롱'이라는 파티를 열기도 했다. 보스턴 마라톤 참사 이후, 보스턴 시민들은 '보스턴 스트롱'이라는 슬로건을 내걸고 희생자들을 추모했다. 폭탄 테러가 있고 나서도 여전히 보스턴이라는 도시는 건재하고, 우리는 잘 이겨 낼 수 있다는 메시지를 담은 것이다. 보스톤 스트롱의 슬로건을 따라 파티 이름을 짓고, 파티 수익금의 일부를 이태원 참사의 유족이나 상인회에 기부하기로 했다. 그러나 참사가 일어난 곳에서 파티를 여는 것이 옳은 일일까. 기획자, 클럽 DJ들 모두 고민에 잠겼다. 그러한 고민을 잠재운 것은 '파티도 추모의 방식이 될 수 있다'는 생각이었다.

H 추모의 방식은 다양할 수 있는 거니까요. 노래하는 사람은 노래로 추모를, 춤추는 사람은 춤으로 추모할 수 있다고 생각해요. 마찬가지로 이태원에서 디제잉을 하는 우리는 음악을 통해서 추모할 수 있는 거예요. 물론 국가적인 재난이나 비극이 있을 때 한 주 정도 모든 걸 스톱하는 것도 방법이에요. 슬플 때는 우는 게 맞고, 어느 정도 엄숙함이 유지되어야 하기도 하죠. 그렇지만 아프리카에서는 장례를 치를 때 춤을 추고 노래를 부르면서 흥겹게 고인의 마지막을 보내

주잖아요.

이태원이 다시 예전의 에너지를 되찾게 만드는 일이야말로 하나의 추모일 수 있다고 생각해요. 이태원을 저주받은 땅처럼 두는 게 옳은 방식이라고 생각하지 않아요. 이태원이라는 공간 자체가 잘못한 게 아니니까요. 다른 이유로 참사가 벌어진 거잖아요. 희생자들도 이태원의 에너지와 즐거움을 찾아서 온 사람들이고요. 그렇다면 희생자들이 원했던 그 모습으로 되돌려 놓는 게 추모라고 생각했어요.

시간은 계속 흐르고, 다시 핼러윈 시즌은 찾아올 것이다. 이들이 생각하는 이태원 핼러윈 축제는 어떤 모습일까. H씨는 트라우마를 이겨 내고, 이태원을 다시 찾을 것이라고 말했다.

H 저는 이태원에 갈 거예요. 그게 제가 사랑하는 공간을 회복하는 방법이기도 하니까요. 물론 힘들겠죠. 전처럼 흥이 나게 즐기지는 못할 거예요. 사람들도 이태원이 아닌 다른 지역으로 가서 핼러윈을 보낼 수도 있겠죠. 하지만 적어도 저는 이태원에 남아 있고 싶어요. 아집이 아니거든요. '1년 전에 비극이 있었지만 그

래도 나는 놀겠어' 같은 가벼운 마음도 아니에요. 1년 뒤에도 우리는 이태원 참사를 이런 방식으로 기억하고 있다고 말하는 거죠.

DJ SEESEA씨는 예측할 수 없을 것 같다며 입을 열었다. 당연히 핼러윈 축제는 돌아와야 하지만 아직도 많은 문제가 해결되지 않았다. 이러한 상황에서 행복하게 핼러윈을 즐길 수 있을 순 없을 것이다. 그렇다면 핼러윈 축제가 더 안전해지기 위해서 실질적으로 어떤 해결책이 필요할지 물었다. SEESEA씨는 시민의 감시와 문제 해결 의지를, H씨는 지자체와 정부의 통제 인력 배치를 답했다.

SEESEA 시민들의 지속적인 감시가 필요하다고 생각합니다. 내 일이 아니니 모른 척한다는 사고는 모든 문제를 키울 수 있기 때문에 항상 감시하고 서로 공유하고 보고해야 합니다. 더불어 참된 반성과 문제 해결 의지가 있어야 진정한 치유의 과정을 밟을 수 있다고 생각합니다. 그것 없이는 침전밖에 되지 않으니까요. 하루빨리 치유가 되고 다시 이태원에서 뛰어놀 수 있었으면 좋겠

SEESEA씨는 이태원 파티 문화에 일조했던 자신에게도 책임이 있는 것만 같아 죄책감과 무거운 마음을 안고 기회가 닿을 때마다 분향소를 찾아 희생자들을 애도했다.

습니다.

H 참사가 일어났던 위험한 골목들에 통제 인력을 두는 게 맞다고 봐요. 지자체나 정부에서 충분하게 관리만 해 주면 더 이상 이런 일은 없지 않을까 싶습니다. 그리고 이렇게 참사를 한번 겪고 나면 '핼러윈 축제 금지' '몇천 명 이상의 행사 금지' 같은 방식으로 대응하지 않았으면 좋겠어요. 행사를 아예 금지하는 게 아니라, 어떻게 해야 안전하게 행사할 수 있는지 논의가 필요하다고 봐요. 안전 정책의 미비를 보완해서 더 이상 이런 일이 되풀이되지 않았으면 좋겠습니다.

"모두 이태원을 여전히 사랑하고 있어요"

지나간 과거는 되돌릴 수 없지만 다가올 미래는 바꿀 수 있을 것이다. 앞으로 이태원은 어떤 모습으로 변화할 수 있을까? SEESEA씨는 이태원이라는 지역의 특성을 이해한 도시 운영이 필요함을 언급했다.

SEESEA 이태원은 지형이 험준하고 골목들도 크기가 제각각이고 미로처럼 지어진 도시입니다. 도로 자체도 넓지 않아 항상 정체 현상이 있는 곳이기

도 하고요. 이런 특징에 걸맞은 안전한 도시 운
영이 필요합니다. 이태원의 다양성을 지키면서
도 고도의 상업화로 인한 젠트리피케이션이 일
어나지 않는 모습이면 좋겠습니다.

　H씨는 이태원의 문화를 애정하는 마음과 함께, 앞
으로도 많은 사람들이 이태원을 사랑해 주었으면 좋겠
다며 힘주어 말했다.

H 이태원은 다양한 사람이 모여서 에너지를 내는 곳이
에요. 이런 에너지를 발산하는 공간은 서울 어디에도
없죠. 우리가 과거로 완전히 돌아갈 수는 없을 거예
요. 그렇지만 과거보다 더 나은 에너지를 만들 수는
있겠죠. 지금도 그렇게 하고 있고요. 여러 클럽도, 이
태원에서 함께하는 사람들도 모두 이태원을 여전히
사랑하고 있어요.
작년, 올해, 내년… 앞으로 많은 사람이, 그리고 저보다
더 어린 친구들도 이태원에 놀러 올 거란 말이죠. 이태
원 클럽 음악이 재밌다, 이태원에는 다양하고 독특한
음식을 먹어 볼 수 있다 등 여러 가지 이유로요. 그런
유입들이 계속해서 잘 융화되었으면 해요. 이태원이

"이태원에는 재밌는 일들이 많이 일어나고 있어요.
꼭 놀러 오시면 좋겠어요."

음악을 통해서 이태원이 예전의 에너지를 되찾기를 바라는 DJ H씨가 이태원 참사 1주기에 열린 추모 파티 '이태원 스트롱'의 굿즈를 활짝 펼쳐 보였다.

지금보다 더 사랑받는 공간이었으면 좋겠습니다.

이태원의 회복을 바라는 의미로 시작된 이번 프로젝트 '다시 놀고 싶다, 이태원.' 그렇다면 우리가 어떻게 이태원에서 다시 놀 수 있을지를 물었다.

H 사실 저는 지금도 이태원에서 놀고 있어요. '다시 놀고 싶다'라는 말보다는 이미 놀고 있으니 '같이 놀자'가 더 적절한 것 같아요. 이태원에는 재밌는 일들이 많이 일어나고 있어요. 꼭 놀러 오시면 좋겠어요. 오시면 벌겋게 취한 제 모습도 볼 수 있을 거예요. 여름에 이태원은 진짜 재밌거든요. 대로변 근처에서 편의점 캔맥주를 마시면 진짜 좋아요. 조금 습하지만 새벽바람도 불고요. 아, 물론 분리수거를 잘하셔야 해요. 딱 한 잔만 먹고, 그러다 보면 다시 또 음악을 들으러 가고 싶어질 거예요. 음악을 듣다가 첫차를 타거나, 해장 플레이스에서 서로 마주칠 수 있겠죠. 이태원은 그런 재미가 있는 곳입니다.

글. 신솔아

인터뷰어 신솔아를 만나다

그런 말이 있잖아요.
사람은 자신을 인정해 주는
단 한 사람만 있으면 잘 살아갈 수
있다는 말. 저도 사람들이 다 나를
욕하더라도, 나를 지지해 주는
가족이 있으니까 괜찮다는 마음이거든요.
그 덕분에 용기를 낼 수 있었어요.

목소리를 내야 할 순간에 용기를 갖는 것
나 혼자만이 아니라는 안도감으로, 사진가이자 에디터 신솔아

솔아씨는 두 명의 DJ를 섭외했다. 이태원과 핼러윈을 언급할 때 클럽 문화가 빠져서는 안 된다고 생각했다. 참사 직후 소셜 미디어와 각종 커뮤니티에는 그날 이태원에서 핼러윈을 즐긴 사람들에 대한 비난이 가득했다. '문란하게 놀다가 죽은 건데 왜 추모해야 하냐' '사람 많은데 왜 가는지 이해 안 된다.' 그런 반응을 접하며 솔아씨는 큰 충격을 받았다. 바람이 있다면, 음악을 즐기기 위해 이태원을 찾는 사람들이 많다는 것을 보여주고 싶었다.

"참사 직후에 무슨 일인지 되게 많이 찾아봤거든요. 저도 이태원을 애정하는 사람인데 굉장히 안타까운 마음이었어요. 사람들의 선입견이 강하구나, 누군가 희생되었는데 비난하는 말부터 꺼내는구나,

간접적으로 겪은 이태원 참사의 슬픔을 안고 기록단에 참여한 솔아씨는 이야기를
듣는 것으로 다른 이들의 아픔에 연대하고 싶었다.

안 좋은 점만 보고 있구나. 이태원은 DJ씬이 잘 구
축돼 있는 지역 중 하나거든요. 하지만 사람들에게
인식이 안 좋을 수 있을 것 같아요. 특히 기성세대
가 이해하기 어려운 문화가 아닐까 싶어요. 핼러윈
도 외국인들 축제라며 비난하기도 하고….”

타인의 이해를 돕는 것을 목표로 한 작업은, 뜻밖에
도 솔아씨 스스로 이해를 넓히는 경험이 되기도 했다.
가령 이태원에 거주하는 민희씨와 원기씨 부부의 이야
기를 통해 솔아씨는 처음 알았다. 가족 단위로, 모든 세
대가 즐길 수 있는 게 핼러윈 축제라는 것을. 또한 클럽

이태원은 DJ씬이 잘 구축된 지역으로서, 클럽 문화를 언급하지 않고서야 핼러윈과
이태원을 제대로 이야기했다고 보기 어렵다. 사진은 한 클럽의 외부 모습.

DJ의 이야기를 들으면서 추모가 얼마나 다양할 수 있는지도 깨달았다. "이렇게도 가능하구나." 솔아씨가 미처 떠올리지 못한 세계가 낯설게 들려오기 시작했다.

"이태원은 희생자들이 재밌게 시간을 보낸 공간이잖아요. 이태원을 죽음의 땅으로 내버려두는 게 아니라 다시 살리는 것이야말로 추모 방법 중 하나라는 말이 기억에 남아요. 저도 '추모'라고 하면 왠지 모든 것을 중단하거나 슬퍼하는 방법만 상상했던 것 같아요. 추모와 애도에 관해 많이 논의했으면 좋겠어요. 추모를 어떻게 해야 하는지 사회적으로 합의되어 있지 않다 보니까 서로 이해하지 못하는 것 같아요. 나는 이 죽음을 추모하는데 왜 너는 공감하지 않냐고, 혹은 너는 얼마나 선하길래 아직도 추모하고 있냐고."

"방관자가 되지 않아서 좋은 것 같아요"

나의 또래 혹은 나보다 어린 사람들. 솔아씨는 분향소에 늘어선 앳된 얼굴들이 너무 안타깝고 슬펐다. 사실 솔아씨 역시 참사 당일 이태원에 방문할 예정이었다. 워낙 자주 가던 공간이었고, 코스튬을 하고 핼러윈 축제를 즐긴 적 또한 많았다. 그런데 그날은 하필 다른 일정이 늦게 끝나는 바람에 약속을 취소해야 했다. 그래서일까. 솔아씨에게는 참사 소식이 훨씬 공포스러웠다. 자신이 그 희생자가 됐을 수 있었다는 두려움이 머릿속을 휘감았다. 더군다나 인터넷에 떠도는 날것의 이미지에 과다 노출된 채로 밤을 지새운 탓에 한동안 충격에서 벗어나지 못했다.

"집 근처가 이태원인데, 갑자기 도로 통제를 왜 하는지 의문이 들었어요. 그러다 참사가 일어난 걸 알았는데, 꼭 공포 영화 같았어요. 이태원은 저에게 익숙한 곳인데, 죽음이 나의 일상 속에 가까이 있구나…. 나중에 우연히 기록단 모집 포스터를 보고 다시 생각나더라고요. 이태원 참사에 대한 슬픔을 정리할 수 있지 않을까 싶어 신청했어요. 물론 슬픈 건 여전한데요. 그럼에도 그런 감정을 가진 사람이 나 혼자만이 아니라는 안도감을 느낄 수 있게 된 것 같아요."

솔아씨는 '생존'과 '연대'에 대해서도 말한다. 참사로 인해 바뀐 삶을 정상 궤도에 올려놓고 싶은 마음. 그

건 마치 생존 의지와 비슷해 보였다. 그리고 걱정하기를, 간접적으로 참사를 겪은 자신조차 이렇게 힘들고 어려운데 다른 사람들은 오죽할까. 솔아씨는 그 이야기를 듣는 것으로 연대하고 싶었다. 프리랜서 에디터로 활동하는 솔아씨에게 인터뷰라는 형식은 이미 익숙했다. 인디 아티스트와 서브컬처를 주로 다뤄 왔기에 클럽 DJ를 만나기도 수월했지만, 이런 주제의 취재는 처음이라 그 과정이 마냥 쉽지만은 않았다.

"인터뷰이가 참사 당시의 기억을 이야기하는데, 그 말을 듣고 있는 것 자체가 힘들더라고요. 눈앞에서 상황이 재현되는 듯한 느낌이 들어서…. 하지만 인터뷰를 진행해야 하니까 참았어요. 공감하면서 동시에 거리를 두어야 한다는 걸 그때 깨달았어요. 그 이야기를 얼마나 자세히 써야 할지도 고민했는데요. 그럼에도 계속 노출되어야 트라우마를 해소하는 데 효과적이지 않을까 싶었어요. 있는 그대로 묘사하는 게 읽는 사람이 그 현장을 이해하는 데 좋을 것 같았고요."

그런 시간을 통해 솔아씨의 죄책감은 서서히 줄어

들었다. 그전까지는 거리에서 이태원 참사 관련 현수막을 볼 때마다 무거운 기분이 들었다. 이런 일이 일어나지 않도록 내가 무언가 해야 하지 않았을까, 지금 할 수 있는 건 없는 걸까. 그런데 이제 솔아씨는 조금 다른 소회를 전한다. "방관자가 되지 않아서 좋은 것 같아요."

연결되고 싶지만, 그게 너무 어려운 사회이니까…

"각자의 자리에서 할 수 있는 일을 다하는 게 더 좋은 사회를 만드는 데 중요하다고 생각해요. 그러다 목소리를 내야 할 순간에 용기를 갖는 것도 필요할 것 같고요. 문제를 해결하는 첫걸음도 그렇게 만들 수 있지 않나 싶어요. 그래서 자기 일에 사명감을 가진 사람을 만나면 기분이 좋아요. 병원을 가더라도 귀찮아서 대충 약 주고 보내는 의사보다 진심으로 환자의 건강을 바라는 마음을 가진 의사에게 진료를 보고 싶고 그렇잖아요."

솔아씨 역시 그런 사명감으로 이태원 기록단에 참여했다. 솔아씨는 인터뷰가 지니는 가치로 두 가지를 꼽는다. '지금, 여기'에 대해 남길 수 있다는 것, 이야기

두 명의 디제이를 인터뷰한 솔아씨는 음악을 즐기기 위해 이태원을 찾는 사람들의 이야기를 들려주고 싶었다. 사진은 DJ SEESEA씨가 온라인 음악 방송 '보일러룸'에서 플레이하는 모습.

에서 가치를 발견할 수 있다는 것. 그러고 보면 이야기는 저절로 전해지지 않는다. 누군가의 입에서 나오는 생생한 말을 듣는 사람이 있을 때, 그렇게 기록으로 남겨질 때 비로소 역사가 된다. 그래서일까. 솔아씨는 한결같이 '연결'과 '이해'를 강조한다.

"미주권이나 유럽에서는 처음 보는 사이일지라도 눈이 마주치면 인사 정도는 건네거든요. 길거리에서 만난 사람과 친구가 되는 것도 이상하지 않은 문화예요. 그런데 우리나라에서는 낯선 사람에게 대개 두려운 마음을 품잖아요. 그만큼 경계심이 높다 보니까 어쩌면 이태원이 안식처가 돼 주는 것 같아요. 핼러윈 축제에 가는 이유도 비슷하지 않을까 싶고요. 축제에 참여했다는 이유 하나로 사람들이 모두 반겨 주는 거예요. 다들 갈증이 있나 봐요. 연결되고 싶지만, 그게 너무 어려운 사회이니까…."

솔아씨는 더 많은 사람들이 목소리 내기를 바라면서도, 사람들이 왜 참사에 대해 이야기하는 것을 부담스러워하는지 이해한다. 특히 정치적으로 어느 한쪽을 지지하는 뜻으로 읽힐까 지레 피하는 경우를 흔히 본

2장 조금 캐주얼하게, 평소처럼 재밌게

다. 그렇다면 솔아씨의 경우 어떻게 가능했을까. 그런 부담을 안고서 어떻게 입을 열 수 있었을까.

"두려움도 있었어요. 저의 정치 성향이 하나로 비치는 건 아닐지, 그 때문에 피해를 입지는 않을지 걱정도 되었고요. 하지만 그런 말이 있잖아요. 사람은 자신을 인정해 주는 단 한 사람만 있으면 잘 살아갈 수 있다는 말. 저도 사람들이 다 나를 욕하더라도, 나를 지지해 주는 가족이 있으니까 괜찮다는 마음이거든요. 그 덕분에 용기를 낼 수 있었어요."

글. 이상민

이태원의 특징 중 하나는
여러 나라의 음식을 다루는 식당이
많은 것이다. 사람들이 이태원을 찾는
이유 중 하나는, 여러 음식만큼
다양한 문화를 즐길 수 있다는 점이라고
생각한다. 이태원은 자유롭고,
다양하고, 국제적이다.

경리단길 이주민 **모하메드 옐 타예브**

누군가의 '이태원 프리덤'을 위하여

모로코에서 온 모하메드씨가 느낀 다문화 공동체의 매력

이태원 참사 2주기가 다가왔다. 많은 사람들이 이태원에서 슬퍼하고 분노한 지도 2년이 되었다. 아직도 믿기 힘든 그날이다. 지난 시간 동안 이태원 참사가 다뤄지는 과정을 보면서 마냥 슬퍼할 수만은 없다는 것을 체감했다. 참사를 오래 기억하지 않는다면 건강한 문화를 가진 지역 공동체도 만들 수 없다고 생각했다. '다른 누군가에게 이태원이란 무엇일까?' 그 질문에서 출발했다. 이태원에서 살아가는 사람들 각자의 이야기로 이태원이라는 공간과 참사에 대해 듣고 싶었다.

이태원에 거주하는 외국인과 그들이 형성하는 다양한 문화는 이태원의 정체성 중 큰 축을 이룬다. 따라서 이태원의 외국인 역시 지역 공동체의 일원이라 할 수 있다. 그렇다면 이들은 이태원 참사를 어떻게 바라보고 있을까. 외국인 인터뷰이를 섭외하는 과정은 굉장

2장 조금 캐주얼하게, 평소처럼 재밌게

히 어렵고 막연했다. 이태원에 거주하거나 노동해야 했고, 어느 정도 한국어로 소통 가능해야 했으며, 이태원 참사에 대해 말하고 싶어 해야 했다.

몇 개월의 수소문 끝에 모로코에서 온 모하메드 옐 타예브(아래부터 모하메드)씨와 연이 닿았고, 그가 바라본 이태원이라는 공간과 참사에 대해 기록할 수 있었다.

"영화에서만 봤는데 한국에 와서 처음 경험했다"

보영 이태원에 온 배경이 궁금하다.

모하메드 한국에 온 지는 10년이 되었다. 지금은 경리단 길에서 4년 넘게 살고 있다. 경리단길에는 여러 나라 사람들이 느슨하게 다문화 공동체를 형성하고 있다. 그런 점에서 살기 좋다고 생각하여 이사를 왔다. 또 서울의 중앙에 위치하고 있어서 이동이 편하기도 하다.

보영 이태원만의 매력이 있다면? 기억에 남은 경험도 듣고 싶다.

모하메드 이태원은 자유를 느낄 수 있는 장소이다. 이태원 에는 특별한 정체성을 가진 사람들이 모이기 때

한국에 온 지 어느덧 10년이 되어 가는 모하메드씨. 그에게 이태원은 자유를 느끼는 장소이자 이국적인 경험을 공유하는 다문화 공동체다.

문에 다양하고 이국적인 경험을 서로 공유할 수
있다.

개인적으로 이태원에서 가장 즐거웠던 경험은
이태원 지구촌 축제 참여이다. 이태원 지구촌 축
제에서 여러 국가의 문화를 느끼고 다양한 음식
을 먹어 본 것이 가장 좋은 기억이다. 이태원의
특징 중 하나는 여러 나라의 음식을 다루는 식당
이 많은 것이다. 사람들이 이태원을 찾는 이유
중 하나는, 여러 음식만큼 다양한 문화를 즐길
수 있다는 점이라고 생각한다. 이태원은 자유롭
고, 다양하고, 국제적이다."

보영 이태원 핼러윈 축제에 참여한 적 있는가?

모하메드 우리나라에서는 핼러윈 축제를 하지 않기 때문
에 한국에 와서 처음 경험했다. 한국 온 지 2~3
년 후에 처음 봤다. 그전에는 영화에서만 봤는
데 직접 체험해 보니 즐거웠다. 첫 참여 이후 이
태원의 핼러윈 축제에 자주 갔고, 홍대의 핼러
윈 축제를 참여하러 가기도 했다. 홍대의 핼러
윈 축제와 가장 큰 차이점은 참여자의 연령대라
고 생각한다. 홍대 핼러윈 축제는 젊은 사람이

대부분이었는데 이태원 핼러윈 축제 참여자의
연령대는 더 다양하다.

보영 참사 당일 어디에 있었나?

모하메드 그날 나는 친구랑 해방촌에 있었다. 그때 친구
랑 핼러윈 축제에 참여하기 위해서 이태원 쪽으
로 가려고 했다. 친구랑 이태원을 갈까 말까 생
각하다가, 이태원에는 사람이 많을 테니 안 가
는 게 낫겠다고 생각하여 가지 않았다. 이태원
과 다르게 경리단, 해방촌 쪽은 핸드폰이 잘 터
졌다. 그래서 이태원 참사의 소식을 실시간으로
접할 수 있었다. 처음에는 깜짝 카메라 같은 장
난인 줄 알았다. 참사 관련 소식을 접하고 바로
이 상황이 실제라고 믿은 친구들도 있었다. 소
식을 들은 당시에 나는 사실 심각하게 생각하지
않았다. 왜냐하면 핼러윈에는 그런 장난이 있을
수 있겠다고 생각했다. 하지만 재난안전문자를
받은 순간부터 이 상황이 모두 사실이란 것을
깨달았다.

보영 외국인으로서 불편함을 겪진 않았나?

모하메드 이태원 참사가 발생했을 때 현장에 있다가 다친 친구가 한 명 있다. 참사로 인해 친구가 많이 다쳤는데 병원에 계속 다녀서 지금은 좀 괜찮아졌다. 심리 상담까지는 받지 않았지만 다른 의료 지원을 잘 받았다고 한다. 나의 경우에는 참사와 관련하여 직접적인 어려움은 크게 없었고 생각이 안 난다. 다만 재난안전문자와 같은 비상시 긴급 알림은 한국어로 안내가 되기 때문에 외국인은 순간적으로 이해할 수 없어서 난처하다. 재난안전문자가 영어로도 제공이 된다면 좋겠다.

즐거운 일이 많았던 곳, 그 슬픔을 넘어서기 위해

보영 참사 이후 무엇을 느끼나? 자신과 이태원에는 어떤 변화가 있었나?

모하메드 (참사 이후) 나는 이전에도 이태원에 많이 갔고, 참사 당일에도 갈 수 있었다. 그래서 더 마음이 무거웠고 동시에 무서움도 느꼈다. 나와 친구들도 이태원 핼러윈 축제에 갔으면 참사 현장에 있었을 것이다. 그리고 그때 내 주변 친구들 중 이태원 축제에 간 친구들이 있었는지, 간 친구들이

모하메드 엘 타예브

있다면 괜찮은지 많이 걱정했다. 참사로 인해 죽은 사람들에게는 너무 미안하다. 너무 젊은 사람들인데 그 나이에 죽었다는 사실이 너무 슬프다. (이태원의 변화) 코로나 전에는 사람이 정말 많았고 즐거운 일 또한 많았다. 그러다 어느 날 갑자기 코로나로 인해 사람들이 사라졌다. 얼마 후 코로나가 잠잠해지고 사람들은 다시 이태원으로 왔다. 그 후 오래 못 가서 이태원 참사가 발생했다. 이태원은 또 사람을 잃었다. 사실 요즘에는 어느 정도 사람들이 다시 모여들면서 지역이 회복되고 있다고 생각한다. 지금 이태원에 가면 또다시 사람들을 만날 수 있다. 코로나 전처럼은 아니지만 지금의 이태원은 어느 정도 괜찮아졌다.

보영 어떤 방식으로 추모했나? 혹은 다른 추모 방식을 제안한다면?

모하메드 참사 일주일쯤 후 이태원 지하철 분향소와 녹사평역 부근 광장의 분향소 두 곳에 방문했다. 분향소에 방문했을 때는 굉장히 힘들었고, 영정 사진까지 보니까 더 마음이 힘들었다. 분향소에서 마음속으로 잊지 않겠다고 말했고 앞으로도 잊

모하메드씨는 해방촌 근처에서 이태원 참사 소식을 들었지만 그때는 실제라고 믿지 않았다. 믿을 수 없었다.

지 않으리라 말할 것이다.

이태원 참사와 희생자들을 추모하고 기억할 수 있는 '추모관'과 같은 공간이 많아지면 좋겠다. 이태원 참사 현장, 바로 그 골목에 추모공간이 생기길 바란다. 추모 시설은 누구나 방문할 수 있는 열린 공간이 되길 바란다. 추모공간에서는 이태원 참사와 같은 일이 다시 생기지 않게 사람들을 교육하는 프로그램이 있었으면 좋겠다. 안전에 대한 교육은 매우 중요하다.

물리적 공간뿐만이 아니라 추모 행사가 자주 있어 사람들이 참사와 추모를 잊지 않기를 바란다.

보영 앞으로 이태원 핼러윈 축제는 어떤 모습일까?

모하메드 우리가 알고 있던 기존의 핼러윈 축제로 돌아갈 수 없다고 생각한다. 그리고 올해에 있을 핼러윈 축제에서는 무조건 안전에 대한 교육을 받아야 한다고 생각한다. 안전에 대한 교육을 받는다면 이태원 핼러윈 축제에 참여하는 사람들은 자신이 불안전한 상황에 대비할 수 있고 스스로 주변 상황을 더 통제할 수 있게 될 것이다. 축제와 안전 교육을 같이 이어 가다 보면 우리가 알고 있던 핼러윈 행사로 돌아갈 수 있을 것이다.

서로에 대한 수용으로 사랑이 앞선 이태원이 되길

인터뷰를 마치고 조금의 아쉬움이 남았다. 특히, 사전 인터뷰를 진행했다면 훨씬 깊이 있는 답변을 들을 수 있지 않았을까. 이태원의 외국인은 저마다 다른 정

모하메드씨가 느낀 자유는 이태원의 지역성이자 정체성이다. 사진은 옛 이태원터
를 알리는 표지석의 모습.

체성을 지녔다. 그 다양한 문화를 이해해야 참사와 추
모에 대한 이야기도 더욱 잘 들을 수 있다. 그런데 나
의 경우 미리 조사한 정보가 인터뷰이의 경험과 일치하
지 않아 인터뷰 도중 당혹감을 느끼기도 했다. 한편 충
분히 형성된 상호 신뢰감은 인터뷰에 대한 긴장을 푸는
데 도움이 된다. 더군다나 한국어로 진행된 인터뷰였던
만큼 사전 인터뷰를 통해 보다 세심히 준비할 필요가
있었다고 성찰한다.

이태원에서 생활하는 외국인의 이야기를 입체적으로 듣는 시도가 계속되어야 할 것이다. 외국인은 단일하지 않다. 그 다양성에 대한 무지는 타자화로 이어질 수 있다. 모하메드씨가 느낀 자유는 이태원의 지역성이자 정체성이다. 이번 인터뷰는 그런 '이태원 프리덤'의 의미를 되새기고 있을 누군가를 돌아보는 기회가 되었다.

올해 핼러윈은 어떤 모습일까. 매년 핼러윈 행사를 기획하던 놀이공원에서는 그 대신 가을, 땡스기빙 등 다른 테마의 콘텐츠를 기획하는 중이다. 또한 미국의 한 채널은 이태원 참사를 주제로 한 다큐멘터리를* 공개했다. 유가족들은, 경험자들은, 지역민들은 그리고 이태원 참사에 애도를 표했던 수많은 이들은 그날을 어떻게 맞이할까.

이태원의 핼러윈 축제는 이태원의 지역 문화를 기반으로 한다. 그 자생적인 역사는 어떻게 이어져야 할까. 당장 올해 이태원에서 핼러윈 축제가 열릴지, 열린

---

* 이태원 참사를 집중 조명한 다큐멘터리 〈크러쉬(Crush)〉가 2023년 10월, 미국 온라인 동영상 서비스 플랫폼인 파라마운트 플러스를 통해 공개됐다. 또한 〈크러쉬(Crush)〉는 2024년 7월 제76회 에미상에서 '뛰어난 탐사 다큐멘터리' 부문 후보에 선정되기도 했다. 다만 저작권 문제로 한국에서는 볼 수 없다.

"지금 이태원에 가면
또다시 사람들을
만날 수 있다. 지금의
이태원은 어느 정도
괜찮아졌다."

다면 어떤 모습일지, 동시에 참사는 어떻게 기억될지 좀처럼 가늠하기 어렵다. 다가오는 그날을 상상해 본다면 사실 긍정적인 이미지를 떠올리기 쉽지 않다. 아무도 찾지 않을까 봐, 경직될까 봐 걱정스럽다. 그럼에도 불구하고 핼러윈 축제가 위축되지 않기를 강하게 바란다. 그런 소망이 생겼다.

다시 놀고 싶다, 이태원 그리고 이왕이면 더 잘 놀자 이태원. 지난날 잃은 것을 잊지 말고, 그 기억을 안고서 앞으로 나아갈 수 있는 핼러윈이 만들어지길 바란다. 모두가 '이태원 프리덤'을 외칠 수 있도록 혐오는 빼고 해방과 다양성은 더하는 공간이 되길, 이곳에서 겪은 아픔을 서로에 대한 수용으로 승화하길, 사랑이 앞선 이태원이 되길 바란다.

글. 윤보영

2장 조금 캐주얼하게, 평소처럼 재밌게

저는 기록단 자체에
긍정적인 의미를 두고 있어요.
지금껏 어느 활동에서도 보지 못한
모습이라서 이런 기회가 많아진다면
살기 좋겠다 생각했어요.
다 지역 주민이잖아요. 개인에게도
지역에게도 재밌는 추억이
많이 생기지 않을까요.

이태원에 산다는 건 과연 무슨 의미일까

미술치료 전공 대학원생 보영씨의 마음속 깊이 새겨진 탐구 과제

보영씨는 벌써 몇 차례 인터뷰에 참여했다. 지역 주민이자 참사 현장의 목격자로서 곳곳에 이야기를 보탰다. 행여 비슷한 대답을 반복할까 걱정도 많았지만 어쩐지 할 말은 자꾸만 늘었다. 이전에 해 본 적 없는 질문이 어느새 보영씨 마음속 깊이 탐구 과제처럼 자리 잡았다. 그날의 기억을 떠올리는 것도 더는 힘들지 않다. 그보다 뒤따르는 감정과 생각을 나누지 못할 때 보영씨는 못내 답답한 기분이 든다.

"처음에는 왜 내가 인터뷰를 하는 걸까 싶었어요. 이태원에 사람 많지 않나? 분명 다들 할 말이 있을 텐데, 연결점을 찾지 못한 것 같아요. 비유하자면 저는 그냥 아파트 동대표로 나온 느낌이에요. 뭐랄까, 사명감 같은 표현은 조금 거창한데 나름 엄청난

책임감을 느껴요. 제 말이 어디 기록된다는 게 얼마나 좋은 기회예요. 그런 즐거움도 있고요. 또 당사자성을 갖고 참사를 바라볼 수 있게 된 거잖아요. 그 시각을 통해서 앞으로 제 학업과도 연결시키고 싶어요."

보영씨는 현재 대학원에서 미술치료를 공부하고 있다. 전공을 선택하는 데에는 세월호 참사에 대한 기억이 크게 작용했다. '왜 피해자는 자기 잘못도 아닌데 비는 걸까.' '왜 가해자는 그 절박한 외침을 무시하고 돌을 던지는 걸까.' 뉴스에 나오는 유가족들이 마치 비명을 지르는 것처럼 보였다. 그토록 잔인한 현실에 분노했고, 그렇다면 자신은 무슨 일을 할 수 있을지 고민스러웠다. 과거 심리 상담을 받은 경험을 떠올리기도 했다. 무조건적으로 나를 믿어 주고 나의 말을 들어 주는 사람이 있다는 건 얼마나 소중한가. 언젠가 보영씨도 그렇게 힘을 얻은 적이 있었다.

"대학원 지원할 때 학업계획서를 제출해야 했어요. 사회적 참사 피해자들이 당하는 사이버 불링에 대해 미술치료를 어떻게 적용할 수 있는지를 주제로

썼는데, 원서 접수 직전에 이태원 참사가 벌어진 거죠. 이번에도 참사 당일부터 2차 가해가 심했잖아요. 그런 상스러운 말들을 무수히 보다 보니까 머리가 차가워지면서 결심이 굳었던 것 같아요. 나 공부 진짜 열심히 하고 싶다. 그래서 나중에 제가 이태원에 심리센터를 차리는 상상까지 했어요. 안산에도 트라우마 센터가 생겼잖아요. 그런 생각을 하면서 대학원 면접도 간절하게 준비했어요.“

활동으로 트라우마를 극복할 수 있겠다는 믿음

시스템의 부재와 책임자의 회피. 이태원 참사는 세월호 참사와 닮았지만 동시에 뚜렷한 차이를 지녔다. 유가족들의 연고가 비교적 다양했고, 희생자들을 향한 시선이 지역에 대한 부정적인 인식과 얽혀 곱지 않았다. 그렇듯 보영씨에게 이태원 참사는 마냥 어려운 문제였다. 게다가 그 어려움을 풀어 갈 수 있는 활동이 좀처럼 보이지 않는다는 게 보영씨를 더욱 무기력하게 만들었다. ‘나는 아무것도 하지 못하고 있구나.’ 보영씨의 우울은 한동안 깊어져만 갔다.

“이태원119안전센터 버스 정류장에 붙은 포스터를

"당사자성을 갖고 참사를 바라볼 수 있게
된 거잖아요. 그 시각을 통해서 앞으로
제 학업과도 연결시키고 싶어요."

보고 기록단에 신청했어요. 별로 고민 안 했던 것 같아요. 활동에 대한 갈증이 있었거든요. 세월호 참사 때는 학생 신분으로 뭐라도 바로 했는데, 사회인이 되니까 어렵더라고요. 한번은 녹사평 이태원 광장 분향소에 가서 봉사를 하고 나니까 좀 나아졌어요. 아무래도 그런 활동으로 참사 트라우마를 극복할 수 있겠다는 믿음이 있는데요. 세월호 때도 그런 식으로 도움을 받았던 경험이 있거든요."

기록단을 통해 비슷한 마음을 가진 사람들과 어울릴 수 있겠다는 설렘도 있었다. 또한 내심 동네 친구를 사귀고 싶기도 했다. 그만큼 보영씨에게 '다시 놀고 싶다, 이태원'의 의미는 각별한데 그래서인지 활동이 종료된 이후에 대한 아쉬움도 앞선다. 상담을 제외하면 보영씨가 참사에 대해 허심탄회하게 이야기할 수 있는 관계는 많지 않다. 가족을 비롯해 주변 사람들에게는 말을 아껴 왔다. 서로 입장이 다르다 보니 공감을 바라는 대신 기대를 접는 데 익숙했다.

"여기 들어오길 잘한 것 같아요. 가끔 안부 주고받는 사이가 되면 좋겠어요. 끝나면 되게 좀 뭐랄까…

보영씨는 어렵게 외국인 인터뷰이 찾는 과정을 거쳐 모하메드씨(사진)를 만날 수 있었다.

외롭겠다는 생각을 조금 해요. 10월이 되면 핼러윈이 다가오잖아요. 그때 내가 혼자 견딜 수 있을까 싶어요. 저는 기록단 자체에 긍정적인 의미를 두고 있어요. 지금껏 어느 활동에서도 보지 못한 모습이라서 이런 기회가 많아진다면 살기 좋겠다 생각했어요. 다 지역 주민이잖아요. 개인에게도 지역에게도 재밌는 추억이 많이 생기지 않을까요."

생각의 틈새를 충분히 헤아린 이야기를 찾아

이태원에 산다는 건 과연 무슨 의미일까. 보영씨는

보영씨(뒷줄 맨 왼쪽)는 비슷한 마음을 가진 이들과 만나 활동을 함께하면서 참사 트라우마를 차츰차츰 극복해 나갈 수 있었다.

다른 사람들의 생각도 궁금했다. 인터뷰이로 외국인부터 떠올렸던 까닭도 마찬가지다. 단순히 다문화 공동체가 형성되어 있어서 사는 건지, 이곳에서 겪은 차별은 없는지, 본국이 아닌 한국에서 경험한 참사는 어땠는지. 그런 이야기를 듣고 싶었다. 이태원에서 흔히 볼 수 있는 케밥집이 보영씨의 섭외 후보 1순위였다. 하지만 인터뷰이를 구하기란 쉽지 않았다. 그 과정에서 보영씨가 신경 써야 할 일도 몹시 많았다.

2장 조금 캐주얼하게, 평소처럼 재밌게

"주말에 보면 케밥집 매출이 좋아요. 유동 인구가 많은 자리를 다 차지하고 있고요. 그런데 접근하기가 어려웠어요. 전화를 안 받아서 가게에도 몇 번 찾아갔는데 너무 바빠 보여서 말을 못 걸겠더라고요. 그래서 같은 아파트에 사는 외국인분들에게도 물어봤어요. 같이 엘리베이터 타면 파파고에 미리 쓴 문장 보여 주고…. 모하메드씨를 만나서 정말 다행이라고 생각해요. 질문 짜면서 그런 고민도 했어요. 모하메드씨는 한국어가 익숙지 않은데 잘 이해할 수 있을까? 원래는 그림 그리는 프로그램도 준비했는데 예상이 잘 안 되기도 하고 너무 길어질 수 있겠다 싶어 과감히 뺐고요."

기록단 활동을 할수록 보영씨는 이태원에 대해 새로 배웠다. 주민마다 느끼는 게 다르다는 걸 확인하면서 인터뷰하는 재미도 깨달았다. 그런데 보영씨는 스스로를 회의적인 사람이라 설명한다. 이태원 참사의 해결에 대해 묻자 의아한 듯 되묻기도 했다. "해결? 해결될 수 있을까요?" 하지만 그런 말들 이면에 숨 쉬는 건 오히려 어느 한 부분 뭉뚱그리지 않고자 하는 보영씨의 의지다. 이태원 참사가 어렵다면, 어려운 만큼 어렵게 풀어 가겠다는 정직한 의지.

"참사 이후 다른 사람들은 어떻게 생각하고 있을까.
어떤 고민이 있을까. 이게 잘 해결되기 위해서는 주
민이나 상인뿐만 아니라 여기 놀러 오는 사람들까
지 소통이 원활해야 할 텐데… 진짜 어려운 문제네
요. 저는 어떤 대안도 세우지 못하겠어요. 상인들
안에서의 이야기도 궁금해요. 왜 그런 게 있잖아요.
소비재 파는 분도 계시고, 요식업 하는 분도 계시
고, 클럽 쪽도 따로 계시고. 서로 이야기가 될까. 아
니, 같이 모일 수 있을까. 그래서 더 집요해지는 것
같아요. 그런 틈새를 충분히 헤아리고 싶나 봐요."

글. 이상민

3장

재난 세대,
한 청년의 모놀로그

글 . 이상민

저마다 간직한 애틋함으로
사랑을 느낄 수 있도록

용산에서 나고 자란 20대의 독백 그리고 희망

가끔 생각한다. 만약 이태원이 아니었다면, 일각의 반응이 조금은 달랐을까. 적어도 그 심한 정도가 덜하지는 않았을까. 참사 이후 그날 이태원에 머무른 사람들을 향한 비난이 쏟아졌다. "놀러 가서 죽은 것"이라며 그 책임을 희생자들에게 돌리기 부지기수였고, 그런 모욕은 이태원이라는 지역을 둘러싼 오랜 시선에 기대어 확산되었다.

그러니까 누군가에게 이태원은 이미 너무도 위험하고 문란하고 이상한 동네다. 과거 기지촌이 형성된 이래로 말 그대로 '퀴어'한 존재들이 모여들었으므로. 또한 팬데믹을 거치면서 강화된 성소수자 혐오부터 밀집 경험을 민폐로 여기는 감각까지 헤아리면 지금 이태원에 덧씌워진 편견은 몹시 복합적이다. "그러게, 거길 왜 갔냐" 같은 손가락질의 이유도 다름없다. 이태원이

3장 재난 세대, 한 청년의 모놀로그

불온하게 그려질수록 참사 피해 역시 그 불온함에 갇혀 해석되기 마련이다.

'안전'에 대한 요구는 자연스레 높아졌다. 압사가 발생한 골목을 두고, 왜 그 위험에 대비하고 대응하는 데 실패했는지 사람들은 추궁한다. 나아가 일상에 도사린 문제들을 하나씩 깨닫기 시작했다. 출퇴근 시간대 붐비는 지하철처럼, 인파 속에서 부대끼는 일은 이제 불편하고 불쾌한 것을 넘어 얼마간 공포스럽게 다가온다. 분명 그런 질문과 각성을 통해 사회는 나아지겠지만 한편으로는 이 순간 누군가 처한 위기를 설명하기에 다소 부족하지 않나 싶다.

앞서 언급했듯이 참사 피해는 이태원의 불온함에 갇혀 해석되기 마련이다. 그날 이태원에 들렀던 사람들 대부분이 여전히 침묵에 잠겨 있고, 같은 자리에서 생활을 이어 가는 주민들 또한 입을 열기를 주저한다. 더군다나 빠르게 선포된 국가애도기간이 슬픔의 형식을 제한함으로써 오히려 참사에 관해 말할 기회가 일찍이 닫히고 말았다.

이태원에 얽힌 사연과 마음에 귀 기울이기

'다시 놀고 싶다, 이태원'은 그런 고민에서 출발했

다. 국가도, 사회도, 타인도 신뢰할 수 없는 탓에 참사를 겪은 개인은 불안한 가운데 놓여 있다. 이태원에서 노는 발길은 이전과 비교해 현저히 줄었는데 그건 주변 상권의 침체 그 이상을 뜻한다. 어쩌면 사람들은 서로를 확인하는 대신 강력하게 작동하는 낙인을 먼저 의식했는지 모른다.

따라서 누구든 이태원에서 다시 놀 수 있을 때 비로소 회복이나 해결도 가능하지 않을까. 그리고 작게나마 물꼬를 트기 위해 생생한 이야기를 수집하고 싶었다. 과연 당신에게 이태원이란 어떤 의미인지, 참사 이후 무엇을 느끼고 어떻게 기억해 왔는지, 앞으로 우리는 어디로 가야 하는지. 각자가 품은 사연을 새기다 보면 참사에 대한 이해도 깊어질 거라 믿는다. 뒤집어 강조하면 이태원에 얽힌 마음에 귀 기울이지 않고서야 참사는 영영 미지로 남는다.

언젠가 한 집담회에서 그런 고백을 들은 적이 있다. "저에게 이태원은 마치 외국 어딘가 같아서 참사가 와닿지 않았어요." 반면 용산에서 나고 자란 나에게 참사는 꽤 직관적이었다. 추모를 위해 이태원에 들른 지인이 있으면 한동안 가이드 겸 도슨트 역할이 되어 주기도 했다. 마찬가지로 지역에서 보다 잘할 수 있는 일이

'다시 놀고 싶다, 이태원' 프로젝트는 이태원에 얽힌 마음에 귀 기울이면서 이 지역과 직결된 삶의 기록을 생생하게 전달하고자 했다.

있지 않을까. 특히 이태원과 직결되는 삶의 기록을 잘 전해야 하지 않을까. '다시 놀고 싶다, 이태원' 프로젝트는 주민으로서 그 위치와 관점을 고려해 기획의 방향을 정했다.

첫째, 제도 정치나 사법과 행정의 관점 그리고 희생자 유가족 중심의 애도 그 바깥의 이야기를 발굴하자. 둘째, 오늘날 이태원을 표상하는 다양한 주체들의 참사 경험을 조명하자. 셋째, 지역의 회복과 안전사회에 대한 방안을 아래로부터 도출하자. 이상의 세 가지에 유념해 기록단을 모집하고 인터뷰를 준비했다.

이야기를 듣는 사람들, 일곱 명의 기록단과 함께

활동을 주관한 마을 미디어 용산FM은 오랫동안 주민들과 함께 방송을 만들어 왔다. 주민들이 자기 목소리를 낼 수 있도록 마이크를 건넬 뿐만 아니라 교육 프로그램을 제공해 제작 전반에 참여하기를 도왔다.

기록단 운영 역시 다르지 않았다. 본격적인 활동에 앞서 기록단은 이태원 일대를 답사하고 구술 기록 워크숍을 수강했다. 그리고 질문지 구성과 인터뷰이 섭외, 인터뷰 진행, 기사 작성 등 전 과정을 주도하면서 '다시 놀고 싶다, 이태원'의 의미도 기록단 스스로 정립할 수 있었다. 물론 영상 촬영과 편집에 대해 운영팀이 동행해 보조했지만 여건이 되는 경우 기록단이 직접 카메라를 잡기도 했다. 과연 이런 방식이 지역 사회의 아픔을 다루는 하나의 참고 사례가 될 수 있을까. 이야기를 듣는 일만큼이나 이야기를 듣는 사람을 길러 내는 일 또한 중요함을 잊지 않아야 한다.

기록단에는 일곱 명이 모였다. 기록 활동가부터 퇴

나는(사진) 이태원 기록단의 운영팀장으로 활동하면서 "알면 사랑한다"라는 진실을 거듭 실감할 수 있었다.

직 교사, 스타트업 대표, 사진가, 대학원생, 디자이너, 다큐멘터리 감독까지. 인상 깊었던 건, 대부분 동네 버스 정류장에 붙은 포스터를 보고 신청했다는 점이다. 녹사평, 이태원, 해방촌 등을 지나고 있었고, 그전에 이미 근방에서 거주하거나 노동하고 있었다. 주로 이태원에 관한 개인적인 인연이 계기로 작용했을 뿐 관련 활동을 해 본 경험도 드물었다. 그렇게 모인 마음들을 통해 참사에 관한 갈등이 얼마나 큰지 엿본다.

나중에 기사 원고를 요청할 적에는 형식을 통일하

오랫동안 주민 방송을 제작해 온 마을 미디어 용산FM은 '다시 놀고 싶다, 이태원' 프로젝트를 주관하면서 영상 촬영과 편집, 유튜브 업로드까지 전방위로 활약했다.

기보다 기록단 각자의 개성이 드러나도록 제약을 최소화했다. 또한 기록단을 역으로 인터뷰해 처음 계획에 없던 내용을 추가하기도 했다. 인터뷰이의 이야기를 소화하며 기록단의 생각이 어떻게 변했는지 궁금했기 때문이다. 그 소회가 시사하는 바가 있을 듯했다.

  김혜영, 노호태, 신솔아, 신정임, 심나연, 윤보영, 홍다예. 일곱 명의 기록단은 아홉 명의 인터뷰이를 만났다. 혜영씨는 이태원 그 떠들썩한 복판에 살고 있는 보영씨의 마음을, 정임씨는 매년 가족 단위로 핼러윈을 즐기던 민희씨와 원기씨의 마음을, 호태씨는 단골 칵테일 바를 운영하는 범조씨의 마음을, 솔아씨는 이태원 클럽씬에서 음악을 트는 DJ의 마음을, 나연씨와 다예씨는 드랙 아티스트로 활동하는 선샤인씨와 이태원에서 놀기 좋아하던 승연씨의 마음을, 보영씨는 다문화 공동체를 찾아온 모하메드씨의 마음을 각각 들었다. 기록단이 푼 녹취록을 읽으며 금세 먹먹해졌지만 동시에 자꾸만 웃음이 새어 나왔다. 저마다 간직한 마음이 애틋했으므로. 그 시간들 속에서 "알면 사랑한다"라는 진실을 거듭 실감했다. 무엇보다 사랑을 느낄 수 있도록 우리가 알게 된 전부를 빠짐없이 담고자 애썼다.

'죄책감'과 '답답함'을 넘어 치유로 가는 길

한편 활동을 통해 두 가지 감정을 공통적으로 확인했다. 우선 살아남은 사람들은 '죄책감'에 시달리곤 한다. 핼러윈마다 발 디딜 틈 없던 골목을 기억하는 사람은 그 위험을 인지하고도 예방하지 않은 자신을 탓한다. 바로 옆에서 누군가 죽어 가는 줄도 모른 채 축제를 즐긴 사람은 그날 밤 무심히 웃고 떠든 자신을 탓한다.

현장을 목격한 뒤 황급히 빠져나온 사람은 구조에 나서기 망설인 자신을 탓한다. 아비규환 속에서 심폐기능소생법에 임한 사람은 한 명이라도 더 살리지 못한 자신을 탓한다.

그리고 사람들. 또 한번 반복된 참사 앞에 선 사람들은 결코 그 책임으로부터 벗어날 수 없는 자신을 발견한다. 물론 그 죄책감을 책임감으로 승화시킬 수도 있겠지만 그만한 계기는 어쩐지 흔치 않아 보인다. 대신 무거운 짐을 혼자 짊어지다 결국 그 원인이 되는 참사를 외면하는 식으로 고통을 떨쳐 내기도 쉽다.

그런가 하면 답답함도 가득하다. 그날 사람들이 잃어버린 세계는 희생자들의 총합을 넘어선다. 하지만 그 상실을 나눌 만한 장은 한참 모자란 것 같다. 모든 게 조심스러워 말을 꺼내기를 저어하는 사람도 있고, 아직 마음을 추스르지 못해 함구하는 사람도 있다. 들어맞는 표현을 떠올리느라 고민하는 사람도 있고, 기대와 다른 응답이 돌아올까 봐 걱정하는 사람도 있다. 모쪼록 그 '죄책감'과 '답답함'을 넘어설 수 있기를 희망한다.

참사가 모두에게 상처를 남겼다면 모두에게 치유가 필요한 것은 당연한데, 정작 그 상처를 서로 내보일 수 있는 관계를 찾기란 너무도 어렵다. 그보다는 단순

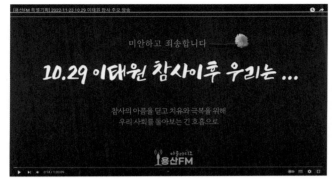

용산FM 유튜브(@fm9885)에서 이태원 참사와 연결된 추모 방송과 이 책에 등장하는 인터뷰들의 영상을 두루 만날 수 있다.

한 구호로 복잡한 심경을 대체하는, 타인의 진의를 함부로 재단하고 왜곡하는, 심지어 고통에 몸부림치는 사람들을 조롱하고야 마는 풍경이 차라리 익숙하다. 그사이 상처는 안으로 곪을 수밖에 없는 걸까. 침묵, 편견과 혐오, 죄책감과 답답함, 상실, 일상과 애도 등 전부 참사의 영향권 아래 있다. 해결 역시 그만큼 거대해야 하지 않을까.

나의 첫 번째 핼러윈

영화 〈코코〉 미구엘 분장, 산 자와 죽은 자가 어울리는 축제

이른 저녁 친구들과 함께 이태원을 찾았다. 우리는 상가 건물 지하에 있는 작은 연습실을 빌려 짐을 풀었다. 그러고는 각자 챙겨 온 소품을 바닥에 늘어놓은 채 분장을 시작했다.

재민과 인영은 호박 모양의 종이 가면을 조립해 뒤집어썼고, 지오는 '프리다칼로'처럼 양 눈썹을 한 줄로 이어 두껍게 그렸다. 마지막으로 도착한 성용은 커다란 쇼핑백에서 마법사 모자와 반짝이는 재질의 망토를 꺼내 걸쳤다. 그리고 나는 빨간색 후드 집업으로 갈아입어 애니메이션 영화 〈코코〉에 나오는 '미구엘'을 흉내 냈는데, 동규가 빌려준 통기타까지 둘러매자 꽤 그럴듯한 모습이 되었다. 조금은 들뜬 기분으로 거울을 보며 사진을 찍기도 잠시, 막상 밖으로 나갈 엄두가 나지 않아 한참을 망설였다.

　　　　　　3장 재난 세대, 한 청년의 모놀로그

이태원의 분위기는 다소 어수선했다. 해밀톤 호텔 앞 교차로에서는 교통을 관리하는 호루라기 소리가 날카롭게 울려 퍼졌다. 거리 곳곳에 배치된 경찰은 행인보다 그 숫자가 많아 보였고, 주요 길목마다 설치된 철제 펜스는 우측 통행을 강제했다. 간혹 걸음을 늦추다가는 서둘러 움직여 달라는 핀잔을 들었으니, 사람들과 눈을 맞추거나 대화를 나누기란 몹시 어려웠다. 그 광경을 두고 한 친구는 이렇게 평했다. 꼭 선생님 앞에서 노는 느낌이라고. 또한, 그 일대 전봇대에는 전부 흰색 국화가 걸려 있어 별수 없이 움츠러들기도 했다. 혹시 내가 너무 눈치 없이 구는 걸까. 속으로 그런 의심이 들었지만, 예년처럼 코스프레를 하고 온 무리를 발견하며 얼마간 안도할 수 있었다.

같은 자리에서 당신들과 연결되고 싶었다

사실 일주기를 앞두고 나는 제법 비장하게 약속했다. 올해 핼러윈은 이태원에서 즐길 거라고, 코스튬을 통해 내가 가진 생각을 표현할 거라고. 처음에는 마땅히 그래야 한다는 오기가 앞섰다. 그런데 '다시 놀고 싶다, 이태원' 프로젝트에 참여하고 나서는 호기심과 책임감 또한 더해졌다.

기록단이 전한 녹취록을 읽다 보면 내심 부러울 수밖에 없었다. 도대체 얼마나 재밌길래. 나도 한번 그 세계를 경험하고 싶었던 한편, 인터뷰이 각자의 이야기가 2022년 10월 29일 그날 이태원에 머문 사람들을 비추는 증언처럼 다가오기도 했다. 그러니까 일 년 뒤 같은 자리에서 핼러윈을 즐기는 것으로나마 당신들과 연결되고 싶었다. 나아가 참사 이후를 살아가는 모두가 여기서 서로의 존재를 확인할 수 있기를 바랐다.

미구엘 분장을 선택한 까닭은 오롯이 보영의 이야기를 통해서였다. 이태원에 거주하는 보영은 희생자들을 애도하는 방식으로 애니메이션 영화 〈코코〉를 떠올렸다. 〈코코〉는 멕시코 명절인 '죽은 자들의 날'을 배경으로 한다. 이 기간 동안 죽은 자들은 산 자들의 세계에 방문하고, 산 자들은 죽은 자들과 같이 어울리며 축제를 벌인다. 언뜻 핼러윈과 닮았지만 죽은 자들을 두려워하는 게 아니라 환대한다는 점에서 그 의미가 다르다.

마찬가지로 엄숙하기보다 흥겹게 일주기를 보내고 싶은 게 보영의 마음이었다. 게다가 〈코코〉는 '기억'의 중요성을 각별하게 다룬다. 산 자들 사이에서 완전히 잊힐 때 죽은 자는 죽은 자들의 세계에서마저 영영 사라지고 만다는 것이다.

인생 첫 코스튬으로 빨간 후드 옷에 통기타를 둘러매어 애니메이션 영화 〈코코〉에
나오는 '미구엘' 분장을 하고는, 한참을 망설이다 거리로 나섰다.

용기를 내서 압사가 발생한 골목까지 다다르자, 희생자들을 기리는 물결이 계속되고 있었다. 우리는 그 근방에 머물며 지나가는 사람들에게 미리 제작한 도장을 찍어 주었다. 핼러윈을 나타내는 호박 랜턴 이미지 아래 'REMEMBER ME REMEMBER ITAEWON'이라는 글귀를 각인한 도장이었다. 이태원에 가기 전날 급하게 이런 뜻을 개인 SNS 계정에 공유했더니 흔쾌히 호응해 준 친구들이 있었다. 태린과 윤호는 그렇게 동행했고, 민경과 윤석과 시연도 일부러 시간을 내서 힘을 보탰다. 뿐만 아니라, 새훈은 따로 사람들 얼굴에 그림을 그려 주고 다녔다. 기록단에 참여한 나연과 다예의 경우, 그 현장을 담겠다며 목에 카메라를 걸고 내내 플래시를 터뜨리느라 분주했다.

"지금 어디에요?" 운명인지 우연인지…

그리고 우리는 주현을 만났다. 참사 생존자이기도 한 주현은 똑같이 〈코코〉를 염두에 두었다. 머리에 메리골드를 본뜬 꽃장식을 더했고, 팔에는 검정색 가죽장갑으로 멋을 냈다. 두 볼에 비즈까지 붙인 주현을 보는 순간 나는 쥐구멍에 숨고 싶었다. 그토록 노련하고 화려한 모습과 비교해 나의 '미구엘'은 얼마나 초라하던지.

이러나저러나 우리는 반갑게 인사하고는 해밀톤 호텔 뒤쪽으로 행진했다.

내가 칠 줄 모르는 기타를 어설프게 튕기는 동안 주현은 보라색 리본과 팔찌를 주변에 건넸다. 그러자 사람들은 화답하듯 손을 뻗는가 하면, 이미 받았다고 자신의 팔목을 자랑스럽게 흔들어 보였다. 저마다 환하게 미소를 머금은 채로, 구태여 긴 설명을 필요로 하지 않았다.

난생처음 핼러윈을 즐기며 나는 지난 인터뷰들을 상기했다. 낯을 가리는 승연씨는 코스튬을 통해 자유로워졌는데, 나 역시 홀린 듯 사람들에게 먼저 말을 거는 자신을 발견했다. 민희씨와 원기씨의 경험담도 비로소 와닿았다.

이태원에는 새로운 풍경들이 가득했다. 각양각색의 차림 속에서 선샤인씨처럼 드랙을 한 사람도 있었다. 외국인들과 "해피 핼러윈"을 주고받을 적에는 모하메드씨를 떠올렸다. 시끌벅적한 클럽과 라운지 바를 지나칠 적에는 문득 DJ SEESEA씨와 범조씨가 궁금했다. 이 시각 다들 어디서 무엇을 하고 있을까. 고개를 두리번거리던 나는 어느새 다음을 기약하고 있었다. DJ H씨의 제안처럼 더 많은 친구들을 불러모아 같이 놀자 호들갑을 떨고 싶어졌다.

홀린 듯 사람들에게 먼저 말을 거는 나를 발견하면서 인터뷰이들의 경험담이 비로소 와닿았다.

시간은 이내 자정을 넘겼다. 우리는 기념으로 네 컷 사진을 남기고 다음 행선지를 고민했다. 그리고 그때 보영으로부터 전화가 걸려 왔다.

사실 보영은 올해 핼러윈에 반드시 가겠다고 다짐해 왔다. 그런데 일주기가 다가올수록 점점 복잡한 심경이 밀려들었다. 통제된 도로 위에서 그 현장을 목격했던 공포가 여전했을 뿐더러 썰렁한 이태원을 마주할까 봐 지레 속상했다. 아쉬운 대로 그날 탔던 차에 올라타 오밤중 한 바퀴 돌고 있다고 알렸다. "지금 어디에

3장 재난 세대, 한 청년의 모놀로그

난생처음 핼러윈에 녹아들면서 희생자들과 연결된 감각으로 참사를 기억하고, 그 이후를 살아가는 너와 나 우리들의 존재를 확인했다.

요?" 운명인지 우연인지 꽤 가까운 위치에 있어 우리는 자칫 엇갈리지 않도록 조바심을 내며 뛰었다. 그리고 저 멀리서 신호 대기 중인 차량 한 대의 조수석 창문이 열리고 있었다. 그 틈으로 활짝 웃는 보영이 보였다.

"Remember me, though I have to…"

벅찬 마음으로 술집으로 향한 우리는 가볍게 떠들다 진지해지기를 반복했다. 럭비공처럼 튀는 수다는 곧 내년 핼러윈 계획으로까지 이어졌다. "그때는 어떤 옷

입지?" "좌판 깔고 뭐라도 해야 하나?" "미리 모여서 분장 같이 할까?"

서서히 취기가 올라 가게 문밖을 나서니 새벽녘 하늘에 별들이 은하수처럼 걸려 있었다. 우리는 약속이라도 한 듯 아까 전의 골목으로 돌아갔다. 희생자들을 위해 절을 올린 뒤, 한쪽 벽면에 붙은 포스트잇을 하나씩 읽어 내려갔다. 마침 바로 앞 편의점에 사장님이 근무하고 계셔서, 나는 가만히 생각에 잠긴 주현에게도 그 사실을 전했다. 그렇게 둘은 〈코코〉 분장을 하고서 사장님께 안부를 물었고, 그것을 끝으로 각자 택시를 잡아 유령처럼 헤어졌다.

이것은 나의 첫 번째 핼러윈, 일주기를 하루 앞둔 2023년 10월 28일의 이야기다. 나는 그만큼 연결된 감각으로 참사를 기억한다. 물론 아직 마음이 허락하지 않거나 사회적인 시선을 의식해 놀기를 주저하고 있을 수도 있다.

기록단 활동에 '다시 놀고 싶다, 이태원'이라는 제목을 붙였지만 아무럼 놀지 못하더라도 괜찮다고 말하고 싶다. 이 글을 쓴 주된 목적도 이태원의 핼러윈을 대신 경험할 수 있도록 돕는 데 있다. 참사 이후를 이렇게 살아가는 사람들도 있을 뿐 도무지 놀기 힘든 당신을

이태원에서 만나요 —
하지만 못 와도 괜찮아

REMEMBER ME REMEMBER ITAEWON

REMEMBER ME —
REMEMBER ITAEWON

참사를 기억하며 —
따로 또 같이 놀아요

용기 내어 압사 발생 골목에 다다른 뒤, 희생자들을 기리는 물결들 사이로 지나는 사람들에게 '나를 기억해 줘, 이태원을 기억해 줘'를 뜻하는 영문 글귀 도장을 찍어 주었다.

책망하지 않기를 바란다. 한편 이태원 일대를 나란히 걷는 동안 주현과 나는 누가 먼저 할 것 없이 〈코코〉의 OST를 콧노래로 흥얼거렸다. 그 가사를 아래 옮겨 적는다. 잘 놀고 왔다.

Remember me, though I have to say goodbye
(나를 기억해 줘, 내가 작별 인사를 해야 하지만)
Remember me, don't let it make you cry
(나를 기억해 줘, 울지 마)
For even if I'm far away, I hold you in my heart
(내가 멀리 떨어져 있더라도, 마음에 널 품고 있어)
I sing a secret song to you each night we are apart
(우리가 떨어져 있는 매일 밤마다
 나는 너에게 비밀스러운 노래를 불러)
Remember me, though I have to travel far
(나를 기억해 줘, 내가 멀리 여행을 가야 하지만)
Remember me, each time you hear a sad guitar
(나를 기억해 줘, 네가 슬픈 기타 소리를 들을 때마다)
Know that I'm with you the only way that I can be
(내가 할 수 있는 유일한 방법으로 너와 함께 있음을 알아줘)
Until you're in my arms again
(네가 다시 나의 품에 안길 때까지)
Remember me
(나를 기억해 줘)

분향소 단상
환대와 예를 다하는 지킴이 활동과 쌓이는 일화들

　참사 이후 한동안 시민 분향소를 찾아 지킴이 활동을 자원했다. 매주 일요일 두 시간 남짓, 그 근방을 지나는 시민들을 맞이하며 국화를 전하거나 서명을 받는 게 주된 역할이었다.

　앉을 수 있는 의자가 한구석에 마련되어 있었지만 어쩐지 나는 서 있는 게 편했다. 때맞춰 교대하는 봉사자와 유가족을 지켜보고 있자니 몸도 마음도 겸손해졌다. 또한 그곳을 방문하는 모두에게 환대할 준비가 되어 있다는 인상을 주고 싶기도 했다. 아닌 게 아니라 멀찍이 떨어져 발길을 옮기지 못해 머뭇대는 모습이 흔했는데, 전해 듣기로는 비교적 인적이 드문 새벽 홀로 오열하다 떠나는 경우도 더러 있었다고 한다. 영정 속에 잠든 사람들뿐만 아니라 슬픔에 잠긴 누군가를 위해 예를 다해야 할 책임이 나에게 있다고 생각했다.

분향소에서는 다양한 풍경을 만날 수 있었다. 면전에 대고 훼방을 놓는 사람들은 꾸준히 많았다. 가령 손가락으로 동전 모양을 만들고는 "돈 때문에 그러는 거지?"라고 뱉는 식의 무례함들. 하지만 그보다는 헌화하는 행렬이 길었다.

언젠가 다국어로 적힌 홍보물이 설치되자 외국인의 관심 또한 늘었다. 거기 적힌 내용을 읽는 표정은 어찌나 진중하던지. 물론 너무 인접해 희생자 사진을 찍는다면 정중한 몸짓으로 난색을 표해야 했다. 그럼 대부분 "okay(오케이)" 하며 카메라를 내린 채 뒤로 물러섰는데, 한번은 "he is my cousin(그는 나의 친척)"이라며 양해를 구하는 일도 있어 아차 싶기도 했다. 회화에 능하지 못한 나는 그 순간 미안하다는 의미로 고개를 꾸벅일 뿐이었다. 그 이상의 위로를 건네지 못한 게 여전히 아쉽게 남아 있다.

"여기 뭐 하는 데야?" "일부러 기차 타고 왔는데…"

어린이들은 왕성한 호기심으로 보호자를 잡아끌었다. "여기 뭐 하는 데야?" 궁금해하거나 "한번 가 볼래!" 내지르고는 달리기 시작했다. 갑작스러운 소란에 보호자들은 쉽게 당황했지만 사실 나는 몹시 반가웠다.

오히려 안타까웠던 건 그 야단법석이 제지당할 때. 이곳은 배움의 장이 될 수도 있는데, 황급히 자리를 뜨고 마는 게 조금은 미웠다. 그래서인지 분향소에 시선이 꽂힌 어린이에게 조심스레 흰 꽃을 쥐여 주는 보호자를 목격하면 기분이 들떴다. 동시에 고민하기를, 그토록 순진무구한 눈빛 앞에서 과연 나는 이 참사에 대해 무어라 설명해야 할까. 곳곳에 쓰인 '기억' '애도' '안전' 같은 단어를 두고도 금세 머릿속이 하얘졌다. 밑도 끝도 없이 파고들수록 내가 외워 온 뜻은 백지장이 되어 버렸던 것이다.

분향소가 서울 시청 앞 광장으로 이동한 뒤로는 전국 각지에서 추모객이 들렀다. 하루는 시설 보수를 위해 운영을 잠시 멈췄는데 망연자실한 얼굴로 아쉬워하는 어르신을 응대하기도 했다. "일부러 기차 타고 왔는데…" 그는 나에게 자세한 사정을 물었고, 내일부터 재개할 것이라는 답변을 듣고 나서야 안도의 한숨을 크게 내쉬었다. "그만하는 줄 알았잖아!" 이어지는 호탕한 웃음에 나도 따라 미소 지을 수밖에. 어쩌면 그런 일화를 쌓는 재미로 지킴이 활동을 이어 가지 않았나 싶다.

그리고 꼭 외딴섬 같은 공간에 연대하면서 나는 사람들이 모일 수 있다는 게 얼마나 소중한지를 실감했

다. 혹은 지금 참사에 관해 확인하고 학습하고 교감할
수 있는 장소가 얼마나 부족한지를. 나에게는 그게 참
어려운 과제다.

10.29 이태원 참사 '별들의 집' 상징물.

3장 재난 세대, 한 청년의 모놀로그

애프터 핼러윈
목구멍까지 차오른 가슴속 응어리를 정교하게 소화하기

　　핼러윈 다음 날 서울 시청 앞 광장에서는 이태원 참사 일주기 추모 대회가 열렸다. 유가족의 인사를 시작으로 각 정당 대표의 추도사가 차례로 이어졌다. 그리고 주현이 생존자로서 무대에 올랐을 때 나는 조금 복잡한 심경이 들었다. 전날 같이 축제를 즐기고 나서 주고받은 대화가 아직 선명했기 때문이다.

　　길어야 오 분 남짓, 그 말을 온전히 담기에 주어진 시간이 부족해 보였다. 주현은 그중 일부를 선택해 발언했고, 광장에 모인 사람들은 마이크를 잡고 선 주현에게 시선을 집중했다. 그 모습을 번갈아 바라보던 나는 어쩐지 괴로웠다. 다들 무엇을 기대하고 있을까. 만약 청자가 가진 권력이 있다면 그건 상대로 하여금 특정 이야기만을 발화하게 만드는 힘에 가까운 듯했다. 그 자리를 지배하는 정서와 구호를 읽으며 주현은 많은

심해 속으로 가라앉는 이야기들을 건져 올리고자 이태원 참사를 주제로 주민 토론회, 청년들 의견 나누기, 집담회 들처럼 여러 대화의 장을 용산FM과 더불어 기획하고 참여했다.

것을 덜어 내고 있었다.

이태원과 관계 맺은 사람이 얼마나 다양한지

어떤 이야기는 수면 위로 넘실댄다. 반면 어떤 이야기는 자꾸만 심해 속으로 가라앉는다. 익숙한 틀에 들어맞지 않는 목소리는 마치 존재하지 않는 것처럼 누락되는데, 누군가의 삶도 그렇게 고립된다.

가령 내가 떠올리는 장면은 이렇다. 한번은 용산에서 토론회를 가졌다. 나는 기록단이 인터뷰한 내용을 토대로 지역사회가 겪는 어려움에 대해 발표했다. 이태원과 관계 맺은 사람이 얼마나 다양한지, 그 피해가 얼마나 광범위한지 강조했다. 따라서 참사의 영향을 완전하게 이해하려면 앞으로 더 많은 연결이 필요하다는 게 나의 요지였다. 하지만 막상 질의응답 순서가 되자 그 이야기는 논의에 오르지 못했다. 대신 구청장을 향한 비토가 우세했다. 주민 소환의 실현 가능성에 관심이 쏠린 나머지, 정작 주민들의 경험과 생각은 어느새 자취를 감추고 말았다.

그런가 하면 청년들이 의견을 나누는 행사가 있기도 했다. 본격적인 진행에 앞서 중년의 사회자가 요청했다. 고생하는 유가족을 위해 "엄마, 아빠 힘내세요"

외쳐 보자고. 물론 연대하는 뜻은 여전했지만 나는 차마 거기 호응할 수 없었다. 그런 메시지가 오히려 유가족에게 큰 짐을 지운다고 여겼을 뿐더러 무엇보다 나의 문제로서 참사를 소화하고 싶었다.

한편 뒤이은 조별 토론에서는 모든 질문이 객관식으로 제시되었다. 참사 원인이 어디에 있는지, 참사 책임이 누구에게 있는지. 선지 밖을 벗어나는 이야기는 논외일 수밖에 없었다. 누구 하나 선뜻 입을 열지 못하는 가운데 주최 측에서는 잠시 후 참석자들과 함께 낭독할 제안서를 공개했다. 그 초안에는 '청년 세대의 요구'가 이미 정리되어 있었다. 원하는 그림 아래, 청년들의 고민은 뭉개진 채였다.

여기 남아 있는 삶을 외롭게 두지 말자고

다시 참사 초기로 돌아가 보자. 압사 소식이 전해지자 한 지인은 SNS에 현장 사진을 공유하며 덧붙였다. "내가 이래서 핼러윈 싫어하는 거야." 또 다른 지인은 타박하듯 나의 안전을 걱정했다. "너는 저런 데 다니지 않아서 다행이다." 결국 귀가하지 못한 사람들이 있지 않냐고. 그런 항변이 목구멍까지 차올랐지만 소용없이 삼킬 뿐이었다.

온라인상에서는 사고를 유발한 개인을 찾는 데 혈안이었다. 피해자를 향한 의심과 혐오도 빠르게 번졌다. 일찍 선포된 국가애도기간이 마음을 달랠 길을 막은 탓에, 예정된 공연과 전시가 취소되었고 이름도 얼굴도 없는 영정이 세워졌다. 나중에 분향소가 새로 설치되었지만 바로 옆에서 맞불을 놓듯 천막을 치고 현수막을 걸었다. 그러니까 '참사'가 '참혹한 일'을 뜻한다면 나에게는 온통 참혹한 일들의 연속이었다.

그리고 그사이, 생존자 이재현씨가 두 친구를 따라 세상을 등졌다. 동시에 일상은 속절없이 흘렀고, 가끔은 아무 일도 없었던 것처럼 지나는 날들이 기이하게 느껴졌다. 과연 그 침묵을 어떻게 받아들여야 할까.

돌이켜 보면 첫 번째 열린 시민 추모제의 제목은 간곡했다. "우리를 기억해 주세요." 그 짧은 문장을 두고서 나는 사후에 늘어난 희생자의 의미를 되새긴다. 분명 참사는 좁은 골목에서 끝나지 않았다. 지금 이 순간까지 곳곳에서 다르게 지속되고 있다. 그렇다면 그 전부를 비출 수 있는 기억이란 무엇일까.

일 년 뒤 핼러윈을 보내면서 내가 절박하게 주장하고 싶었던 것도 다름없다. 우선 듣는 데서 출발하자고. 구체적인 이야기를 증언 삼자고. 잃어버린 세계를 밝히

한동안 이태원역 1번 출구를 메웠던 포스트잇들의 그 작은 네모 칸마다에는 각자의 아픈 사연들이 비밀스럽게 담겨 있었다.

고, 구할 수 있는 세계를 구하자고. 여기 남아 있는 삶을 외롭게 두지 말자고.

심해 속으로 가라앉는 이야기의 물꼬를 트는 일

이태원역 1번 출구에는 한동안 포스트잇이 가득 붙었다. 그 작은 네모 칸마다 각자의 사연이 비밀스럽게 적혀 있었다. 또한 친구들은 저마다 다른 죽음을 연상했다. 신당역에서 살해당한 여성과 구의역에서 사망한 노동자, 연달아 사라진 성소수자, 그리고 언젠가 생의 끝자락에 서 있던 자신까지.

3장 재난 세대, 한 청년의 모놀로그

그토록 거대한 상실을 설명하기 위해 갈피가 될 만한 조각들을 맞춰 가며 사람들은 그날 이후를 버티고 또 살아간다. 사진은 한때 참사 현장을 장식하던 추모공간.

하루는 동창의 부고를 받아 든 친구와 참사 현장 일대를 한참 동안 걸었다. 그만 헤어지려고 정류장 벤치에 앉기도 잠시, 몇 대의 버스를 떠나보내며 서로 단상을 늘어놓았다. 어쩌면 사람들은 꼭 그렇게 그날 이후를 살아간다. 두서없고, 뚝뚝 끊기고, 논리적이지 못하고, 횡설수설한 방식으로. 그토록 거대한 상실을 설명하기 위해 갈피가 될 만한 조각들을 맞춰 간다. 그런데 그런 이야기는 도무지 들리지 않는다. 아니, 듣지 않고자 하는 힘이 사회에 만연하다.

참사가 발생하고 나서, 나는 집담회를 기획한 적이

있다. 모쪼록 폭넓게 이야기할 수 있는 장을 만들고 싶었다. 하지만 준비 과정에서 전문가의 자문을 구하자 주제를 좁혀야 한다는 권고를 받았다. 하고 싶은 말이 있으면 그만큼 듣고 싶은 말이 있기 마련이므로. 적절한 응답을 확인하지 못할 때 가슴속 응어리는 심화된다는 것이다. 때문에 무엇이든 터놓아 보자는 주문은 대개 그 무엇도 터놓을 수 없다는 진실과 통한다.

마찬가지로 이야기의 물꼬를 트는 일은 얼마간 물길을 가두고 나서야 가능한데, 이 글들이 그 역할을 할 수 있기를 바란다. 심해 속으로 가라앉는 이야기를 끌어내는 건, 가만히 귀 기울이는 노력만으로 이루어지지 않는다. 정교하게 말을 걸면서 저 밑바닥으로 어떻게든 편향되어야 한다.

3장 재난 세대, 한 청년의 모놀로그

더는 잃어버리지 않기 위하여

더 많은 연결을 위한 마중물이 되기를

참사가 발생한 골목은 외딴섬이 아니다. 누구든 쉽게 드나들 수 있고 그만큼 쉽게 휘말릴 수 있는 개방된 공간이다. 지하철역 출구와도 인접해 있다. 따라서 희생자와 생존자, 구조자, 목격자 사이의 경계는 뚜렷하지 않다.

밀집된 인파 속에서 어린 자녀의 손을 붙잡고 겨우 빠져나왔던 민희씨와 원기씨 부부는 생각한다. 만약 그대로 떠밀렸다면 어떻게 되었을까. 아이를 잃을 뻔한 상황에 아찔해지는 한편, 그날 같이 사진을 찍은 사람들의 생사가 걱정이다. 또한 죽어 가는 사람들을 옆에 두고 즐거워한 게 죄스럽다.

보영씨의 사정도 비슷하다. 도로 위에서 차량에 갇힌 채 현장에 노출되었던 보영씨는 사람들이 들것에 실려 나가고 바닥에 누워 있던 장면을 잊지 못한다. 그리고 그런 괴로움 이면에는 자책하는 마음이 존재한다. 심폐소생술을 할 수 있는 인원을 찾는 요청에 응답하지 못하고 집으로 돌아갔던 자신을 탓하는 것이다.

참사는 그날 이태원에 머무른 사람들을 관통한다. 나아가 직간접적으로 소식을 접한 모두가 참사의 영향 아래 놓인다. 무엇보다 '왜'라는 질문이 머릿속에 맴돈다. 이태원의 핼러윈이 익숙한 사람들에게는 더욱 충격적일 수밖에 없다. 아직 꿈인 것 같다고, 생각지도 못한 일이라고, 왜 이렇게 되었는지 모르겠다고, 여태 그런 적 없었다고.

회복을 위해 저마다의 기억을 단서로 삼아야

DJ H씨는 일상에 도사리던 죽음을 체감하고, 모하메드씨는 분향소에 걸린 앳된 면면을 보며 미안해한다. 자신과 당신, 둘의 운명을 가른 데에는 한 끗 차이밖에 없으므로. '나' 역시 같은 자리에 있을 수 있었다는 공포가 새겨졌지만, 결국 살아남았기 때문에 그 감정을 온전히 드러내기란 쉽지 않다. '당사자를 폭넓게 상상해야 한다'는 정임씨의 뜻과 '당사자가 아니더라도 말할 수 있어야 한다'는 나연씨의 뜻은 그런 점에서 통한다. 분명 참사는 훨씬 많은 사람들의 문제로서 다뤄져야 한다.

3장 재난 세대, 한 청년의 모놀로그

지하철역 출구와 인접한
참사 발생 골목은 누구나 쉽게
드나들 수 있도록 개방된 공간이기에
희생자와 생존자, 구조자, 목격자
사이의 경계가 뚜렷하지 않다.

이태원은 참사 이전으로 돌아갈 수 없다. 하지만 누군가는 여전히 이곳을 삶의 터전으로 삼기에 회복을 고민해야 한다. 과연 무엇을 잃어버렸는지 헤아려야 한다. 당연하게도, 참사 이후의 상실은 희생자들의 총합을 넘어선다.

가령 삼대째 이태원에 거주하는 원기씨에게 핼러윈의 의미는 각별하다. 유년 시절부터 함께해 온 축제인 만큼 아득한 추억이 거기 쌓여 있다. 그 문화가 위태로워질수록 원기씨의 뿌리도 흔들리기 마련이다. 또한 이태원을 중심으로 드랙퀸 활동을 하는 선샤인씨의 경우도 마찬가지다. 성소수자로서 선샤인씨가 느끼는 연대감은 여기 모인 이방인들을 아우른다. 이태원의 위기를 두고, 선샤인씨는 왠지 악착같다. 떳떳하다고, 잘 이겨 낼 거라고. 그렇듯 참사 피해는 연쇄적이다. 그 여파는 실존 깊숙이 미치고, 이태원의 침체는 지역 공동체에 치명적이다. 지금 이 순간에도 거듭 잃어버리는 것들이 있다.

더불어, 참사는 몇 년간의 팬데믹 연장선에 위치한다. 이태원에서 칵테일 바를 운영하는 범조씨의 이야기가 시사하는 점이 적지 않다. 과거 언론에서 코로나 확산지로 이태원 클럽가를 지목했을 때, 그 일대는 이미 한 차례 타격을 입은 바 있다. 개인이 통제하기 어려운 사건이 연달아 터지면서 언제든 다시 생계를 위협받을 수 있다는 불안정성도 커졌다. 그런 감각은 단기적인 지표로 포착되지 않는다.

다른 한편 경제적인 관점만으로 상인들이 겪는 곤란을 설명하기도 어렵다. 범조씨가 이태원에 자리 잡은 데에는 한 시절 자신이 즐겨 찾던 놀이터를 물려주고 싶은 바람도 있다. 지역의 특색이란 그렇게 재생산되기에, 상권 회복도 그 역사에 대한 이해 위에서 가능하다. 사람들은 다른 어디에서도 대체할 수 없는 이태원의 모습을 알고 있다. 저마다의 기억을 단서 삼아야 참사 이후를 그릴 수 있다.

있는 그대로 환대하는 노력과 태도 '이태원'과 '핼러윈'

이태원의 핼러윈은 고유하고 다채롭다. 클럽이나 술집에서만 기념하는 것도, 청년들만 즐기는 것도, 유흥만을 위한 것도 아니다. 흔히 폄하되듯 '외국 귀신 놀이'에 불과하지도 않다.

민희씨에 따르면, 이태원의 핼러윈은 온 동네 잔치다. 주택가 곳곳 호박 장식과 사탕 바구니가 걸리고, 어린이집과 공원에서 행사가 열린다. 아이들은 가족 단위

일상과 추모는 분리되어야 하는 걸까,
추모는 꼭 무겁고 엄숙해야 할까.

로 거리를 구경하며 다양한 세계를 익힌다. 그런가 하면 낯가림이 심한 승연씨에게 핼러윈은 곧 일탈의 기회다. 캐릭터 분장이 부끄럽기도 잠시, 이태원에서만큼은 금세 자신감이 솟는다. 나중에는 낯선 이에게 먼저 다가갈 만큼 적극적이 되는데, 그건 아마 타인의 시선으로부터 자유로워진 덕분일 것이다. 평상시 이태원이 간직한 분위기 역시 크게 다르지 않다. 무슨 차림이든 어떤 사람이든 있는 그대로 환대하는 노력이 이곳을 구성한다. 혹은 이곳에서 그런 태도를 학습한다.

반면 모르는 영역은 곧잘 편견으로 채워진다. 특히 이태원과 핼러윈을 둘러싼 혐오는 참사를 해석하는 데 강력하게 작용한다. 일각에서는 "거길 왜 갔냐"라며 피해자에게 모든 책임을 전가한다. 보영씨는 지적한다. 이태원과 핼러윈을 몸소 경험해 본 주민들은 그렇게 말하지 못할 거라고. 그런데 그만한 이해가 드물어 침묵에 잠기는 건 오히려 주민들 쪽이다. 누군가의 고통은 또다시 가중된다는 점에서 참사는 현재진행형이다.

일주기를 앞두고 정부와 지자체가 내놓은 핼러윈 대책 또한 같은 이유로 문제적이다. "오버하지 않았으면 좋겠다"는 원기씨의 바람이 무색하게, 이태원에는 경찰 병력과 철제 펜스가 한가득 들어섰다. 과연 그런 통제만이 안전을 보장하는 걸까. 사람들이 서로 눈을 맞추고 인사를 건넬 수 없는 축제는 괜찮은 걸까. 그토록 과잉된 조치는 위험을 관리하기보다 위화감을 조성할 뿐이다.

추모와 애도… 참사 그 자체가 해결되어야

추모 방식에 대한 논의도 불가결하다. 일상과 추모는 분리되어야 하는 걸까. 추모는 꼭 무겁고 엄숙해야 할까. 한동안 영업을 중단했던 범조씨는 압사가 발생했던 골목 앞을 일부러 지나면서도 국화를 놓거나 포스트잇을 붙이지는 못한다. 일주일에 몇 번씩 이태원에서 약속을 잡던 승연씨는 '애도'에 대한 복잡한 심경을 고백한다. 둘 다 안타까움이 없어서가 아니다. 다만, 더는 잃어버리고 싶지 않은 게 있기 때문이다.

한편 DJ H씨가 소개한 '이태원 스트롱'의 사례는 비슷한 고민을 달리 풀어 나갔다. 참사 이후 이태원에서 활동하는 DJ들은 예정된 파티를 그대로 진행한다. 노래하는 사람은 노래로, 춤추는 사람은 춤으로, 음악 하는 사람은 음악으로 추모할 수 있어야 한다는 뜻에 합의했다. 이태원을 사랑하던 희생자들을 기억하는 건 그렇게도 가능하다. 마찬가지로 이태원에서 계속 놀겠다는 다

10·29 기억과 안전의 길

OCTOBE

꿈인 것 같다고, 왜 이렇게 됐는지 모르겠다고 울부짖는 무수한 상처들을 치유하고
무너진 사회 신뢰를 회복하는 길은 참사 그 자체가 해결돼야 가능할 것이다. 사진
은 이태원 참사가 발생한 골목 어귀에 설치된 조형물의 모습.

이태원을 사랑했던 희생자들을 기억하는 일이란, 음악 하는 사람이 음악으로 추모하듯 저마다의 일상 속에서 다채롭게 시도해 볼 수 있지 않을까.

짐은 결코 가볍지 않다.

　또한 DJ H씨는 고인의 마지막을 흥겹게 지키는 아프리카 장례를 예시로 든다. 보영씨는 애니메이션 영화 〈코코〉를 떠올리며 산 자와 죽은 자가 한데 어울리는 하루를 상상한다. 솔아씨와 선샤인씨는 이태원에서 열리는 퀴어 퍼레이드를 제안한다. 물론 이런 의례가 성공적으로 이루어지려면 참사 그 자체가 해결되어야 한다. DJ SEESEA씨는 삶에 대한 불안감이 높아졌음을 호소한다. 책임 있는 자의 적절한 사과나 반성이 뒤따른 적 없기에, 개인적인 치유만으로 한계가 있다. 사회를 향한 불신을 해소하지 못한다.

대부분의 기록단이 이태원 참사를 통해 세월호 참사를 연상한다. 더불어 이듬해 이어진 오송 참사와 서이초 사건 등을 언급하며 무너진 신뢰에 대해 고심한다. 호태씨가 '믿음'이라는 키워드를 제시한 것도 비슷한 취지다. 그러니까 지금 여기, 무수한 상처가 아물지 않은 채로 나날이 누적되고 있다.

더 많은 미지의 이야기를 기약하며

참사를 둘러싼 이야기들은 오롯이 터져 나오고 있을까. 어쩐지 '정치적인 것'에 대한 경계심이 도드라진다. 그런 이유로 인터뷰이 섭외에 실패하기도 했으며, 인터뷰이의 염려를 거듭 덜어야 하기도 했다. 하지만 정치의 필요성을 부정하지 않는다는 점에서 그 반감을 곧이곧대로 받아들여서는 안 된다. 그보다 참사에 대해 입을 열 때 사람들이 지는 부담을 충분히 고려해야 한다.

솔아씨는 양극화된 정치 현실에서 의견 표출이 얼마나 두려운지 공감한다. 나연씨는 거리마다 나부끼는 정당 현수막이 마치 기사 댓글 창 같다고 한 지인의 평을 떠올린다. 몇 개의 구호만 크게 들릴 때, 그 밖의 작은 소리는 소거되기 십상이다. 혹은 어느 한쪽으로 욱여넣어진다. 중간쯤에 있는 입장을 밝히기 어렵다는 승

아홉 명의 인터뷰이, 일곱 명의 기록단이
귀하게 담은 이야기들이 더 많은 연결을
위한 마중물이 될 수 있기를, 무엇보다
참사와 어떤 식으로든 관계 맺고 있는
당신이 안녕하기를….

연씨는 인터뷰 말미 한숨 쉬듯이 답한다. "최대한 솔직하게 이야기한 거니까 좀 잘 들어 주면 좋을 것 같아요."

이태원 기록단의 글은 그에 대한 최선의 응답이 되고 싶었다. 물론 여전히 미지로 남은 이야기가 가득하다. 같은 주민이라 하더라도 가슴에 서로 다른 사연을 품고, 상인들 역시 업종에 따라 현재의 상황을 상이하게 겪는다. 외국인과 이주민의 생활도 천차만별이다. 청소년과 노인의 경우도 다름없다. 한편, 보영씨는 참사 직후 당근마켓 어플에 게시된 내용들을 기억한다. "슬프다" "미안하다" "너무 힘든데 어떻게 해야 할지 모르겠다" "막막하다." 아쉽지만 모두 다음을 기약할 수밖에 없는 일이다.

이태원 기록단의 결과물은 9명의 인터뷰이에게 빚진다. 또한 7명의 기록단 활약도 눈부시다. 이들이 어렵게 꺼낸 이야기를 아주 귀하게 담고자 했다. 이 글들이 더 많은 연결을 위한 마중물이 될 수 있기를 바란다. 그리고 무엇보다 참사와 어떤 식으로든 관계 맺고 있는 당신이 안녕하기를 빈다.

말할 수 없는 사람들과
반드시 말해야 하는 이유

서울 용산구 원효로 다목적 체육관. 참사 직후 희생자 시신 중 일부가 안치되었던 공간이다. 나는 그 건너편 주택가에 살고 있다. 다른 주민들은 새벽녘 울린 사이렌을 기억하지만, 그날 마침 집을 비웠던 나는 그보다 먼 곳에서 소식을 접했다. 어찌 보면 이태원은 나의 생활 반경에서 다소 벗어나 있다. 같은 용산구라고 하더라도 그 일대를 거의 다니지 않았다. 노는 데 일가견도 없어 사람들이 어떻게 노는지 잘 알지 못한다. 이태원 기록단 운영팀장으로 활동하면서 나는 그런 차이에 대해 못내 고민했다. 특히 아직 말할 수 없는 사람들과 달리 내가 이렇게 말할 수 있다는 것에 대해. 그건 섣불리 말하지 말아야 하는 이유가 되기도 했고, 반드시 말해야 하는 이유가 되기도 했다.

인터뷰 녹취록을 자주 들여다보았다. 어떤 글을 쓰

든 사람들의 이야기에 근거해야 한다고 믿었다. 나의 결론이 앞서지 않도록 그 행간을 제대로 이해하고자 했던 한편, 행여나 엉뚱한 소리를 할까 늘 가슴을 졸였다. 특히 참사 피해에 대해 몇 가지 태도를 유념했다. 가령 많은 피해가 고통을 수반하지만 그렇다고 모든 피해가 고통으로 귀결되는 것은 아니다. 누구든 나름의 방식으로 참사가 야기한 문제에 대응하기 마련이다. 또한 그 피해가 아무리 클지언정 그것이 한 개인을 이루는 전부가 될 수는 없다. 오히려 삶의 일부로서 어떤 맥락 위에 놓이는지 살펴야 한다. 그만큼 되도록 능동적이고 입체적인 모습을 그리고 싶었는데 그 뜻이 충분히 전해졌는지 모르겠다.

이태원을 떠올릴 적에도 마찬가지다. 기록단 활동을 계기로 나는 이태원과 부쩍 가까워졌다. 케밥도 먹고, 클럽도 가고, 공연도 보고. 틈나는 대로 하나씩 즐기는 중이다. 그러면서 깨닫기를, 지역을 향한 편견이 무색하게 자긍심은 건재하다. 만약 침체를 걱정한다면, 그 회복을 위한 움직임까지 조명하는 게 공평하다. 뿐만 아니라 혐오의 대상이 되는 다양한 문화에 대해 주목할 수 있어야 한다. 물론 그 풍경을 마냥 아름답게 담는 게 정답은 아닐 것이다. 여타 동네처럼 적당히 위험하고 적당히 불편한 것도, 애증하는 마음을 품는 것도 자연스럽다. 사실 이태원 안에서도 구역에 따라 그 분위기가 서로 다르다. 그 혼재된 성격을 염두에 둘 때 참사 피해 역시 선명해진다.

지난 원고를 정리하는 게 꽤나 쉽지 않았다. 기록은 누군가의 미래를 포함하지 못한다. 어느 한 시점을 고정할 수밖에 없어 그 책임은 더없이 무겁다. 출판에 앞서, 나는 7명의 기록단을 다시 만났다. 저마다 생각의 가지를 뻗고 있었는데, 그 후일담을 더하기에는 아무래도 역부족이었다. 다만, 참사 이후를 살아가는 사람에 대한 구체적인 상상이 이어지길 기대할 따름이다. 끝으로, 개인적인 소회를 덧붙이자면 이렇다. 매번 출구를 찾고 싶은 바람으로 글을 쓰기 시작했지만, 결국 정직하게 헤매야 한다는 진실만을 받아들이지 않았나 싶다. 그럼에도 계속할 수 있었던 건, 나와 같이 기꺼이 길을 잃어 보기로 곁을 내어 준 사람들 덕분이다. 그 모든 분들께 감사를 드린다.

2024년 이태원 참사 2주기를 맞으며
이태원 기록단 운영팀장 이상민

에필로그

부록

함께하는 마음들

슬퍼해도 괜찮아, 이야기해도 괜찮아
김은지 (마음토닥 정신건강의학과의원 원장)

서로에게 용기를 주는 우리들
자캐오 (성공회 용산나눔의집 원장)

기록되지 않으면 기억되지 않는다
박수미 (사회복지사)

슬퍼해도 괜찮아, 이야기해도 괜찮아

김은지 (마음토닥 정신건강의학과의원 원장)

    세상에 같은 재난은 없습니다. 재난마다 상황이 다르고 영향받은 사람들 범위와 그 이후에 극복해 나가는 과정이 서로 다릅니다. 이태원 참사의 가장 큰 특징 중 하나가 많은 사람들이 직간접적으로 노출되었다는 점인데요. 대구 지하철 참사, 세월호 참사 같은 경우는 어느 고립된 공간에서 벌어진 일이었습니다. 그런데 이태원 참사는 그 거리와 골목뿐만 아니라 이태원이라는 지역에 존재하고 있는 사람들이 너무 많았어요.

    우리나라가 인터넷이 굉장히 빠르기로 유명한 나라잖아요. 미국 월스트리트저널에서 "초연결성이 재난의 규모를 키웠다"는 내용이 나옵니다. 그 이야기처럼 이태원 참사가 벌어진 그날 저녁 많은 이들이 현장에 있으면서 전혀 여과되지 않은 장면을 SNS로 올리기도 했어요. 그러다 보니 수많은 사람들, 특히 저녁에 SNS를 활발하게 이용하고 있던 청소년들과 젊은 친구들이 생생한 장면에 노출이 된 상황인 거죠.

세월호 세대의 더 깊은 절망

이태원 참사에서 희생된 분들 연령대가 20대에 몰려 있습니다. 그 공간에 있었거나 노출되었던 분들도 젊은 층이 많아요. 세월호 참사를 경험한 친구들이 지금 20대 안팎으로 비슷한 연령대잖아요. 세월호 이후 코로나를 겪고 그 뒤로 또 이태원 참사까지 경험한 이 세대들이 좀 더 깊이 절망하고, 더 많이 내 일처럼 느끼는 점에 주의를 기울일 필요가 있습니다.

이태원은 친구를 만나기도 하고 뭔가 특별하게 기분 전환하거나 즐거운 일을 할 때 가는, 그런 일상의 즐거움을 대표하는 공간이기도 했습니다. 그런데 굉장히 참혹한 트라우마의 장소가 되면서 정말 너무 감당하기 어렵고 일상에 관련된 모든 것들이 두렵다고 호소하는 사람들이 많습니다. 비단 그 자리에 있었거나 자기와 가까운 사람이 희생된 분들뿐만 아니라 일반인들도 그런 이야기를 많이 하시는 거죠.

일상의 공간에서 일어난 정말로 비일상적이고 예측할 수 없었던 극단적인 재난의 경우, 이 공간에 대한 경험과 기억을 공유하고 있는 사람들에게 커다란 충격을 주는 것이 사실입니다. 잠을 잘 자지 못하고 그 상황이 계속 생각나거나 불안해서 밖에 나가기 어려운 것, 특히 지하철처럼 사람이 많은 공간에 가면 갑자기 불안감을 느끼는 등의 트라우마 증상들은 큰 재난 후에 누구나 생길 수 있습니다. 그 골목을 떠올리는 것만으로도 힘들고 하는 마음이 내가 약하거나 문제가 있어서가 아니라 자연스럽게 다가올 수 있는 감정이자 고통이라는 사실을 아는 것이 중요하겠습니다.

힘든 마음을 의지하고 나눌 권리와 의무

재난은 평범하게 살고 있는 우리 일상을 망가뜨리는 사건입니다. 이런 상황에서 제일 많이 하는 이야기는 '일상을 유지하라'입니다. 그 재난을 잘 지나가기 위해서는 우리 일상을 잘 유지해 나가는 것이 첫 번째로 중요합니다. 말하자면 버티는 거죠. 잘 버티려면 재난을 함께 겪은 사람들끼리 이겨 낼 수 있도록 서로 다독거리는 과정이 대단히 필요해요. 이런 '사회적 지지'가 재난 이후 회복에 굉장히 많은 도움이 된다는 것이 여러 연구를 통해서 알려져 있습니다.

이런 사회적 지지를 얻기 어려운 이유 중 하나가 흔히

말하는 낙인 때문인데요. 정말로 말이 안 되는 얘기지만, 우리 사회에는 그때 당시 이태원에 있었던 사람들에게 비난을 하는 분들이 있습니다. 그렇기에 자기 또는 지인이 그날 거기에 있었다는 걸 이야기했을 때 혹시라도 사람들이 부정적인 반응을 보일까 봐 열어 놓고 털어놓기가 어렵습니다. 이것은 재난을 겪고 힘들어하는 사람들에게 오히려 사회적으로 2차 가해를 하고 있는 상황이라고 볼 수 있습니다.

우리는 누구나 힘든 마음을, 특히 이런 재난 후에는 서로 의지하고 나눌 권리와 의무가 있어요. 이 사회를 함께 살아가는 사람들에게 주어진 권리이자 다른 이들을 지지하고 도와야 하는 의무인 거죠. 이것을 원활하고 편안하게 지지받으면서 할 수 있도록 사회적인 분위기가 만들어지는 게 굉장히 중요합니다. '슬퍼해도 괜찮아, 이야기해도 괜찮아, 우리는 어디에서든 안전할 권리가 있어' 이렇게 서로에게 확인시켜 주고 열린 마음으로 들어 주면서 비슷한 고민을 하고 있는 사람들을 함께 대화와 지지의 장으로 끌고 가는 것이 필요한 때입니다.

★ 2022년 10월 29일 이태원 참사 직후, 사회적 재난과 트라우마에 대한 이해를 돕고자 용산FM에서 인터뷰했던 김은지 원장님 이야기.

서로에게 용기를 주는 우리들

자캐오 (성공회 용산나눔의집 원장)

성공회 용산나눔의집(아래부터 용산나눔의집)의 민김종훈 자캐오라고 합니다. 용산나눔의집은 미등록 이주민이나 사회적 성소수자들과 동행하는 커뮤니티입니다. 아울러 저는 성공회 정의평화사제단으로 일하면서 여러 시민사회단체와 종교단체, 인권노동단체들과 더불어 재해나 참사 피해자분들과 연대 행동에 적극 나서고 있습니다.

이태원 참사 이후에 많은 분들이 트라우마라고 할 수 있을 만큼 다양한 슬픔, 분노와 심각한 아픔을 경험하고 계십니다. 제가 정신분석 하는 선생님들과 같이 공부하면서, 말로 표현할 수 없는 이 복합적인 감정들을 어떻게 마주해야 되는지 많은 고민을 나눕니다. 그 선생님들이 가장 공통적으로 말하는 내용이 '이야기해야 된다'는 거였어요. 그런데 대화하는 대상에 따라 오히려 더 갈등이 생기거나 공격받을 수도 있기 때문에 누구와 이야기 나눌지 걱정이 생기게 됩니다. 따라서 평소에 안전하다고 느끼는 사람들하고 만나 모든 감정들을 다 풀어놓는 게 필요합니다. 그냥 쌓아 놓게 되면 그 마음이 어디로 미끄러져 들어가서 나중에 어떻게 튀어나올지 모른다는 것이 전문가들의 공통된 말씀이거든요.

이태원 참사 관련 시민사회단체 네트워크에 참여하면서, 생존 피해자분들 가운데 어떤 이들은 기도회나 여러 모임에 자기 존재를 드러내지 않고 참여하고 계신다는 것을 알게 됐어요. 이것은 자기가 처한 형편을 설명하고 싶고, 도저히 납득할 수 없는 이 상황 자체를 어떻게든 이해해 보려는 삶의 몸부림이라고도 할 수 있습니다. 이는 참사 희생자 가족, 피해자와 그네들을 사랑했던 사람들의 공통된 모습이기도 합니다.

충분히 아파할 수 있는 안전한 공간

4.16 세월호 참사를 겪으면서 믿을 수 없는 현상을 설명하거나 이해할 수 없었기 때문에 많은 이들이 너무나 아파했습니다. 또한 세월호 참사를 통해 모두가 다 슬프다 하여도 피해 당사자의 아픔과 분노보다 앞서서는 안 된다는 것도 경험했습니다. 특정 언론이 이태원 참사의 유가족이나 피해자분들 의견을 묻지 않고 언론에 명단을 공개한

일도 되새겨 보아야 합니다. 그 선의는 알고 있지만 유가족이나 피해 당사자들이 충분히 슬퍼할 겨를도 주지 않고 진행하는 어떤 방식들의 정의로움에 대해서는 고민을 해야 될 것 같습니다. 우리 아픔이나 분노가 이태원 참사의 희생자, 유가족분들보다 앞서지 않도록 노력하면서 그분들이 충분히 아파할 수 있는 안전한 자리와 공간을 마련해야 된다고 생각합니다. 그러기 위해서 많은 시민사회단체나 성공회 정의평화사제단도 열심히 노력하고 있습니다.

슬픔을 함께 넘어설 수 있도록

이태원 참사를 두고 우리가 분노할 수밖에 없는 제일 큰 이유 중 하나는 그날 그 순간에 정보 시스템이 부재했다는 사실입니다. 일선에서 애쓴 수많은 사람들이 있음에도 불구하고 최종 책임자들이 끊임없이 책임을 회피하고 있고, 오히려 책무를 떠넘기려는 태도를 계속 보이고 있습니다. 이 참사의 최종 책임자에 대해 적극 목소리를 내야합니다. 책임자가 제대로 책임을 지고 다시는 이런 일이 벌어지지 않게끔 시스템을 제대로 작동하도록 계속 압박하고 감시하는 일에 많은 분들이 함께할 수 있으면 좋겠습니다.

세월호 참사에서 배웠던 것 중 하나가 전체의 원인에

대해서 너무 급하게 이해하려고 하거나 빨리 잊으려고 할 때 오히려 더 길고 아프게 복잡한 문제가 나타난다는 것이었습니다. 지금 잘못을 회피하고자 하는 사람들의 책임을 명확하게 묻되 복합적인 참사 원인에 대해서는 조금 더 긴 호흡과 다양한 시선으로 볼 수 있기를 바랍니다. 아울러 피해 당사자와 유가족들이 모일 수 있는 자리를 만들고 그분들이 요구하고 얘기하는 것을 경청하면서 차근차근 문제를 해결해 가면 좋겠습니다. 슬픔과 아픔이 있을 때 함께 넘어설 수 있도록 서로에게 용기를 주는 우리들이 되고 싶습니다.

이태원 그 자리가 새롭게 채워지고 샘솟기를

희생자, 생존 피해자와 그 자리에 있던 수많은 이들 그리고 이태원에서 장사하는 많은 분들께 꼭 말씀드리고 싶은 건 여러분의 잘못이 아니라는 겁니다. 그 자리에서 한 명이라도 더 살리기 위해서 그리고 살아남기 위해서 했던 그 행동은 누구의 잘못도 아니라는 겁니다. 그것을 정말 가슴에 새겼으면 좋겠어요.

코로나19라는 어려운 가운데 열렸던 축제. 그 자리에 갔던 사람들. 특히 젊은 분들이 많았습니다. 또한 미등록 이주민과 외국인들 그리고 성소수자분들까지…. 이 피해자들 모두에게는 하나로 뭉뚱그릴 수 없는 각기의 다양한 이야기들이 있습니다. 그 많은 이야기들을 하나하나 소중히 여기면서 기억하고, 그 삶이 계속됐다면 어떤 인연으로 남았을지 생각하면서 마음으로 함께하기를, 그렇게 이태원 그 자리가 다시 새롭게 채워지고 샘솟을 수 있기를 간절히 바랍니다.

★ 2022년 12월 용산FM의 '10.29 이태원 참사 추모 방송'을 통해 자캐오 신부님이 전했던 이태원 참사에 대한 이야기.

기록되지 않으면 기억되지 않는다

박수미 (사회복지사)

끔찍한 사건을 겪은 사람은 피할 수 없는 심리적 손상으로 고통을 겪는다고 합니다. 도저히 감당할 수 없는 마음의 상처는 무의식으로 숨어 들어간다고도 해요. 세월호 참사가 그랬습니다. 딸아이와 비슷한 또래 아이들이 안타깝게 생명을 잃었습니다. 생각만 해도 목이 메는 사고였죠. 명확한 규명 없이 지지부진한 상황이 답답했고 함께 동참했지만 결국 잊혀 갔습니다.

저는 이태원에서 아동과 청소년을 지원하고 있습니다. 이태원 참사 후 가장 먼저 떠오른 기억은 세월호였습니다. 이태원 참사 현장을 지날 때 '세월호 진상규명에 끝까지 참여했다면 우리 사회가 좀 더 안전해졌을까' '그동안 사회 정의에 관심을 가졌다면 이 비극을 막을 수 있었을까' 하며 눈물 흘렸고 자책했습니다. 세월호의 해결되지 않은 감정이 내 몸 어딘가에 숨어 있다 비슷한 사건과 마주하자 올라오기 시작한 것입니다.

혼자서 감당하기 어려운 슬픔과 자책

돌볼 아이들이 있는 저는 먼저 자신과 동료를 보살펴야 했습니다. 전문가의 도움을 받아 내 상처를 돌아보고 동료의 감정을 이해하는 작업을 했습니다. 이 엄청난 비극으로 생긴 마음과 신체의 고통을 당연하게 받아들이고 서로가 느끼는 아픔을 이야기하며 슬픔을 치유할 수 있었습니다. 기회가 될 때마다 타인과 이태원 참사에 대한 감정과 생각을 솔직하게 나누었습니다.

일터를 방문하거나 이태원이 일터인 것을 아는 사람들은 이태원 참사를 두고 "세상에 너무 끔찍한 일이에요. 사고 후에 정말 힘들었겠어요"라고 말합니다. 그런데 이상한 일이죠. 저는 세월호 때보다 훨씬 힘들지 않았습니다. 팽목항은 저 멀리 있고 이태원은 아주 가까이 있는데 말이죠. 그들에게 이렇게 대답하곤 합니다. "힘들었지만 이젠 괜찮아졌어요, 자책한다고 달라지는 건 없어요, 다만 저는 제 자리에서 제가 할 수 있는 것을 열심히 할 생각이에요."

말할 수 없는 것을 말할 때 강한 힘을 낼 수 있습니다. 혼자서 감당하기 어려운 슬픔과 자책은 함께 나눈 이야기를 통해 책임감이 되었습니다. 이것이 제가 이 글을 쓰는 가장 큰 이유입니다.

함께 치유하고 싶습니다

이태원 참사가 남긴 상처를 함께 치유하고 싶습니다. 치유되지 않으면 그로 인해 가장 큰 피해를 받는 것은 바로 우리가 될 테니까요. 타인의 슬픔에 깊이 공감하고 애도를 표현하면 좋겠습니다. 우연히 만난 참사 현장 앞 피아노 연주회, 지하철 계단 벽 쪽지 글, 외국인의 바이올린 연주, 노란 봉제 인형. 이 모든 것이 저에겐 추모가 되었습니다. 자유로운 추모를 통해 치유하는 것이 남겨진 우리의 몫이 아닐까요?

우리는 이태원 참사를 어떻게 기억해야 할까요? 무척 어려운 문제입니다. 참사와 재난을 연구하고 기록하는 김승섭 작가는 『아픔이 길이 되려면』에서 세월호 참사의 기억을 이렇게 말합니다.

"아픔이 기록되지 않았으니 대책이 있을 리도 없었겠지요. (…) 기록되지 않은 역사는 기억되지 않습니다. 그리고 기억되지 않은 참사는 반복되기 마련입니다."(166쪽)

기록되지 않으면 기억되지 않는다고 합니다. 작은 일상에서 깊은 애도까지 모두 모아 이태원을 기록하고 기억했으면 좋겠습니다. 참사의 기억은 고통스럽지만 우리에게 이런 비극이 두 번 다시 반복되면 안 되니까요.

시민사회 자치력으로 안전사회 회복하기

한국 사회는 그동안 많은 참사가 있었습니다. 그때마다 국가는 법을 만들고 제도를 수정했습니다. 그 결과 어떻게 되었을까요? 법과 제도로 우리 사회는 안전해졌나요? 슬프게도 대한민국은 이제 안전사고가 생기면 누군가 나를 도우러 올 것이라고 생각하기 어려운 사회가 되었습니다. 연일 언론에 '각자도생'이 오르내립니다. 현상은 다르지만 '우리 사회의 안전이 무너지고 있다'는 본질은 똑같습니다. 너무나 무서운 일이지요. 그럼에도 불구하고 안전은 포기할 수 없는 우리 사회의 중요한 가치입니다.

사회 문제를 제대로 알면 우리가 극복할 수 있는 방법이 생깁니다. 안전사회가 사라진 이유를 스스로 공부하면 좋겠습니다. 스스로 커진 시민의 힘은 법과 제도를 제대로 작동하게 만듭니다. 시민사회의 자치력을 세우는 것이 우리 사회 안전의 대안이 될 수 있겠지요.

사회적 이슈는 서로 다른 의견으로 대립하기 마련입

니다. 이태원 참사로 갈등을 확대하거나 편을 가르지 말고 '왜 안전하지 못한 사회가 되었는가' 원인을 파악하고 대안을 마련하는 것이 최우선입니다. 갈등을 건강하게 해결하는 자세가 우리 사회의 실력이 아닐까요? 안전사회 회복을 위한 방법을 우리 스스로 찾고 제안해 봅시다. 이태원 참사 이후 건강하고 안전해진 우리 사회를 상상할 수 있는 날이 하루빨리 오기를 기대합니다.

★ 2023년 9월 용산FM이 주관한 '이태원 참사 이후 안전한 용산구를 위한 주민 토론회'에서 박수미 사회복지사님의 토론 글.

박수미

사진 출처

신솔아

17, 20~21, 25, 32, 45, 49, 54~55, 59, 81, 87, 91, 96, 115, 119, 121, 125, 131, 135, 143, 150~151, 154, 169, 171, 176~177, 180, 185, 189, 192~193, 209, 212, 217, 221, 275

심나연

247, 250, 251

용산FM

29, 39, 44, 67, 73, 75, 78, 107, 111, 139, 146, 165, 167, 197, 219, 227, 229, 230, 237, 239, 240, 243, 260, 264, 276, 278

이상민

198~199, 253, 258, 265, 269, 272

SEESEA

204~205

* 숫자는 본문 페이지를 뜻합니다.

이태원으로 연결합니다

이태원 참사, 재난 시민들의 작은 일상에서 깊은 애도까지

2024년 10월 29일 1판 1쇄

기획 공동체미디어 용산FM
기록 김혜영, 노호태, 신솔아, 신정임, 심나연, 윤보영, 이상민, 홍다예
사진 신솔아, 심나연, 용산FM, 이상민, SEESEA
편집 플레이오네 **디자인** 오혜진
종이 엔페이퍼 **인쇄와 제본** (주)상지사 P&B **배본사** (주)비상피앤엘

펴낸이 조혜원 **매니저** 이수현
펴낸 곳 도서출판 플레이아데스
출판등록 2024년 3월 7일 제2024-000001호
주소 (55662) 전북특별자치도 장수군 번암면 만항길 35
전화 063-353-7842 **팩스** 0504-315-7842
메일 pleiadesbook@naver.com
블로그 blog.naver.com/pleiadesbook
🅾 🇫 📷 🐦 @pleiadesbook

ⓒ 공동체미디어 용산FM, 2024
ISBN 979-11-989477-0-3 03300

겨울 밤하늘 황소자리 위에 꽃다발처럼 반짝이는 성단, 플레이아데스.
도서출판 플레이아데스는 '스스로 빛나는 별처럼' 작은 것의 큰 가치를 담습니다.

기록하겠습니다 시민의 추모
기억하겠습니다 이태원 참사